新时期体育文化建设与发展研究

唐雨晴◎著

中国戏剧出版社
CHINA THEATRE PRESS

图书在版编目（CIP）数据

新时期体育文化建设与发展研究 / 唐雨晴著. --
北京：中国戏剧出版社，2024. 10. -- ISBN 978-7-104-
05576-1

Ⅰ. G80-054

中国国家版本馆CIP数据核字第2024CQ2366号

新时期体育文化建设与发展研究

责任编辑： 肖　楠
项目统筹： 康祎宁
责任印刷： 冯志强

出版发行：中国戏剧出版社
出　版　人：樊国宾
社　　　址：北京市西城区天宁寺前街2号国家音乐产业基地L座
邮　　　编：100055
网　　　址：www.theatrebook.cn
电　　　话：010-63385980（总编室）　010-63381560（发行部）
传　　　真：010-63381560

读者服务：010-63381560
邮购地址：北京市西城区天宁寺前街2号国家音乐产业基地L座

印　　刷：北京九州迅驰传媒文化有限公司
开　　本：787mm×1092mm　1/16
印　　张：10
字　　数：210千字
版　　次：2024年10月　北京第1版第1次印刷
书　　号：ISBN 978-7-104-05576-1
定　　价：68.00元

版权专有，违者必究；如有质量问题，请与出版社联系调换。

前　言

体育既是一项以身体活动为基本手段，以提高身体素质、增强体质、改善生活方式、促进人的全面发展为目标的，有意识、有目的、有组织的社会活动，也是一种十分复杂的社会文化现象。体育文化作为人类文化的重要组成部分，是人类社会发展到一定阶段的产物，其兼具体育的性质与文化的特征。从某种意义上来讲，体育文化是人类在体育方面创造出的一切物质文明与精神文明的总和，具有不可替代的价值与意义。

文化是一个国家、一个民族的灵魂。文化兴国运兴，文化强民族强。体育随着社会化、全球化的发展，其人文属性与社会价值得到更多的关注。体育文化逐渐进入人们的视野，大力发展体育文化成为体育强国建设的有力保障。体育文化研究不仅拓展了文化研究的领域，而且为体育文化的建设与发展提供了一定的基础。同时，体育文化研究领域不断拓展，形成了研究焦点多元分布的格局，如传统体育文化、校园体育文化、休闲体育文化、竞技体育文化等。这些都是体育事业的重要内容，是体育文化体系的重要组成部分。这一体育文化体系的发展，对于整个社会的发展都能产生非常重要的影响。随着时代的不断发展，这一影响也不断加大。如今，体育文化已发展成为衡量一个国家社会进步程度的标志。鉴于此，本书在对体育文化进行概述的基础上，针对传统体育文化、校园体育文化、休闲体育文化、竞技体育文化的建设与发展展开了深入研究。

全书共分为六章。第一章是体育文化概述，主要包括体育文化的概念与分类、形成与发展、属性与结构、功能与价值等内容。第二章是新时期传统体育文化的传承与发展，阐述了传统体育文化综述、传承与资源开发，以及现代发展路径。第三章是新时期校园体育文化的建设与延伸，主要包括校园体育文化综述、校园体育文化的建设与发展路径，以及校园体育文化建设的延伸与拓展。第四章是新时期休闲体育文化的建设与发展，先对休闲体育文化进行了整体概述，接着分析了其文化价值的实现途径以及产业化发展。第五章是新时期竞技体育文化的建设与发展，主要包括竞技体育文化综述、影响竞技体育文化发展的因素分析，以及竞技体育文化发展的理念与对策。第六章是新时期体育文化的现代化发展，对体育文化的全球化发展、产业化发展、跨界与融合，以及现代化进程中传统体育文化的时代变迁进行了分析。

  本书在编写过程中，借鉴了很多相关的权威资料，以及专家、学者的研究成果，在此真诚地表示感谢！

唐雨晴

2024 年 4 月

目 录

第一章 体育文化概述

第一节 体育文化的概念与分类……001
第二节 体育文化的形成与发展……005
第三节 体育文化的属性与结构……020
第四节 体育文化的功能与价值……025

第二章 新时期传统体育文化的传承与发展

第一节 传统体育文化综述……031
第二节 传统体育文化的传承与资源开发……045
第三节 新时期传统体育文化的现代发展路径……059

第三章 新时期校园体育文化的建设与延伸

第一节 校园体育文化综述……070
第二节 校园体育文化的建设与发展路径……073
第三节 校园体育文化建设的延伸与拓展……083

第四章 新时期休闲体育文化的建设与发展

第一节 休闲体育文化综述……102
第二节 休闲体育文化价值的实现途径……107
第三节 休闲体育文化的产业化发展探索……108

第五章 新时期竞技体育文化的建设与发展

第一节 竞技体育文化综述···119
第二节 影响竞技体育文化发展的因素分析···130
第三节 竞技体育文化发展的理念与对策···132

第六章 新时期体育文化的现代化发展

第一节 体育文化的全球化发展··136
第二节 体育文化的产业化发展··138
第三节 体育文化的跨界与融合··141
第四节 现代化进程中传统体育文化的时代变迁——以齐鲁秧歌为例···············145

参考文献··150

第一章　体育文化概述

体育文化是一个跨学科的概念，可以指文化的不同方面，反映了体育的基本特征。本章为进一步的研究奠定了理论基础，解释了体育文化的概念和分类、起源和发展、特征和结构、功能和价值。

第一节　体育文化的概念与分类

一、体育文化的概念

体育文化的概念是从文化的概念中延伸出来的。只有充分厘清文化的定义和内涵，才能更好地理解体育文化。下面，我们将首先探讨文化的概念，然后讨论文化的一些常见定义和分类，最后对体育文化进行简要定义。

（一）古代的"文"与"化"

在古汉语中，"文化"实际上是一个复合词组，是由"文""化"二字共同构成的。一般认为，"文"和"化"的并联使用，最早可见于先秦时期《易·贲卦·彖传》中的"观乎天文，以察时变；观乎人文，以化成天下"。这句话中的"文"即由"纹理"这一本义演化而来。"天文"指的是天道自然规律，"人文"则是指人伦社会规律，即人与人之间交错纵横的关系，如君臣、父子、夫妻、兄弟等。在这里，"以文教化"的思想已经初步显现出来。

在古代汉朝，"文明"和"变革"成为一个词。"文"字最早出现在《说苑·指武》中，其中提道："凡武不兴，为不服也；文化不改，然后加诛。"这里的"文化"指的是文化和文明的规则，而不是对武术的压制。这就是"文化"一词的本义。一般来说，古代文明强调的是人的性情养成和人格塑造，指的是人的精神世界。换句话说，文化的管理意味着教育和发展，它是教育和发展的组成部分。如今，随着时代的发展，文化的概念已变得模糊不清。

(二)文化的定义

国内外众多学者从不同的学术角度对文化的定义进行了研究。几个世纪以来，人们一直在尝试对文化进行定义：1952年，美国文化人类学家克鲁伯（Kroeber）和克拉克洪（Kluckhohn）在《文化：关于概念和定义的检讨》一书中列出了西方大学使用的160多个文化定义。

文化的历史定义主要从社会传统、文化特征和社会遗产的角度来定义文化，是静态文化观的结果：（1）文化是在社会进化过程中产生的，代表了人类物质生活和精神生活的要素；（2）文化是代代相传或国与国之间传承的一种行为方式。

所谓发生性的文化定义，也可以理解为文化的"概念"，类似于19世纪德国哲学家提出的"精神文化"（geistige kultur）。瓦尔多认为，文化是一种社会结构，是一种社会有机体，概念则是文化发展的"种子"。阿格瓦尔则认为，文化包括所有与"人"相关的概念，这些概念在人们的头脑中根深蒂固，广为接受。新的文化定义基本上把文化等同于概念，虽然比其他定义缩小了文化的界限，但更符合概念哲学。

所谓列举描述性的文化定义，从广义上讲，文化是知识、信仰、法律、艺术、习俗和传统的复合体，人们通过文化获得必要的技能和习惯。文化还包括一个社会的习俗、个人对群体习俗的反应，以及受这些习俗影响的所有人类活动和产品。总的来说，这些关于文化的定义表明，文化包括物质和非物质的所有方面、对象和规则，人们无时无刻不受到文化的影响，并且离不开文化。非理性是指不能用简单的理性或非理性来衡量，因为不同的人喜欢不同的食物，信仰不同的宗教等。它是人们的自由选择，本身既不是理性的，也不是非理性的。

所谓组织结构性的文化定义，这些定义主要侧重于文化的组织性和系统性。采用这种方法的研究人员倾向于将文化视为一种概念或模式，作为解释人类行为的主要依据。文化还可以由一系列文化要素组成，这些要素构成了一个满足人类需求的系统。

(三)体育文化的定义

对于体育文化的界定，我们应重点关注两个基本点：第一，体育文化必须是由人所创造的；第二，体育文化必须是与体育直接相关的。在此基础上，还可对体育文化的定义做出如下补充：（1）体育文化是文化的重要组成部分，是有关人类体育运动的物质文化、精神文化、制度文化的总和；（2）体育文化是人类对一切体育现象，以及一切有利于促进体育事业发展的活动的汇总，主要表现在价值观念、情感倾向、精神状态等方面；（3）体育文化以体育爱好者的心理预期为半径，包含了一切以体育为核心、由人类创造出的、与体育直接相关的内容。

二、体育文化的分类

体育文化的分类一般是以其在某种方面的特征或分类者自身的需要为依据的。按照不同的分类依据,我们可将体育文化划分为以下几种类型。

(一)按层次分类

体育文化的等级分类主要以体育文化的内容为依据。由于体育文化的层次划分是基于划分的目的而不是具体的标准,因此,按照层次对体育文化进行分类的常见方式有四种,分别是两分法、三分法、四分法、五分法。

1. 两分法

我们可以根据不同的分类标准,采用对比的方法,对体育文化进行划分,如物质体育文化与精神体育文化、概念体育文化与行为体育文化、生态体育文化与环境体育文化、竞技体育文化与非竞技体育文化、机构体育文化与非机构体育文化。

2. 三分法

按照三分法的标准,体育文化一般可分为以下几种类型:(1)体育物质文化、体育精神文化、体育制度文化(或体育行为文化);(2)体育信仰文化、体育方法文化、体育行为文化;(3)体育器物文化、体育制度文化、体育观念文化。

3. 四分法

按照四分法对体育文化进行类型划分,我们通常会得到以下两种结果:(1)体育文化包括体育物质文化、体育精神文化、体育规范文化、体育智能文化;(2)体育文化包括体育观念文化、体育制度文化、体育行为文化、体育思维文化(或体育思维方法)。

4. 五分法

按照五分法,我们可将体育文化划分为如图 1-1 所示的五种类型。

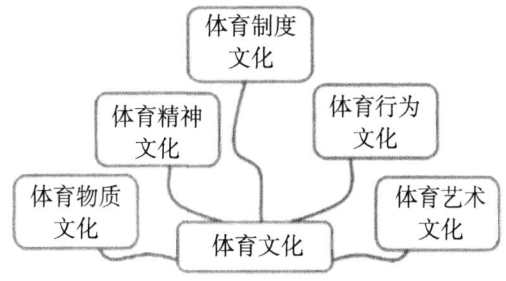

图 1-1 体育文化的类型(五分法)

（二）按目的分类

根据组织和参与体育运动的目的，体育文化可分为五种类型：（1）以赢得比赛为目的的竞技体育文化；（2）以传授体育运动知识为目的的学校体育文化；（3）以增强体质、锻炼身体为目的的娱乐体育文化；（4）以休闲娱乐为目的的休闲体育文化；（5）以提供特殊服务为目的的民间体育文化。

（三）按起源分类

根据体育活动的起源，每个地区的体育文化可以分为不同的类型。从全球范围来看，体育文化可分为两类：东方文化和西方文化。

（四）按组织分类

组织是一个非常复杂的概念，具有复杂的系统结构。由于体育文化涉及面很广，不仅仅来自体育领域，因此，我们可以将其分为学校体育文化、企业体育文化、工厂体育文化、图书馆体育文化等。

（五）按历史分类

在对体育文化进行历史分类时，我们通常将其分为古代体育文化、近代体育文化和当代体育文化三种类型。究其原因，不仅因为体育文化是一个长期的概念，很难随着时间的推移进行分类，而且，不同历史时期的体育文化也很难进行分类，因为不同国家和地区的历史有很大的不同。

（六）按区域分类

区域是一个宽泛的概念，区域化本身涉及许多标准。下文将根据国家（就中国而言）或全球层面的区域化标准，介绍不同类型的体育文化。

1. 以中国为例划分

以地理区域为依据对中国的体育文化进行划分，我们可将其分为华北体育文化、西北体育文化、华南体育文化、东南体育文化等。

以文化区域为依据对中国的体育文化进行划分，我们可将其分为齐鲁体育文化、吴越体育文化、巴蜀体育文化、岭南体育文化等。

2. 以世界为例划分

在国家层面，全球体育文化可分为中国体育文化、美国体育文化、英国体育文化、日本体育文化、韩国体育文化、俄罗斯体育文化和西班牙体育文化。

根据大洲的不同地区，世界体育文化可分为亚洲体育文化、欧洲体育文化、非洲体育文化、大洋洲体育文化等。

第二节　体育文化的形成与发展

一、体育文化形成的动因与条件

（一）体育文化形成的动因

从本质上来讲，人的需求是体育文化发展的社会基础。人类的一切活动都与人的需求密不可分，而体育文化包含了人的四种需求：生存、健康、精神和休闲娱乐。

1. 生存需求

生存需求是人类生存于世的必要条件，也是人类活动发展的重要前提。人类的生存需求是一切文化现象发展的社会基础，也是体育文化产生和发展的基础。

当史前人类首次出现在地球上时，他身材矮小、体弱多病，对大自然毫无抵抗能力。为了生存，人类必须学会觅食，适应气候的变化，保护自己不受野兽的攻击，并不断增强自己的力量，加快奔跑的速度。经过漫长的探索，人类终于发现了最好的生存方式：体育。当时的运动主要包括走、跑、跳、爬等。虽然这些活动种类不多，也不科学，但却是原始人提高速度和增强体力的有效方法。体育运动就是这样发展起来的，原始体育文化也因此得以生存。

史前人类逐渐发明了矛、钉和鱼叉等武器，用于连续狩猎。在中石器时代，弓箭等远程武器也被发明出来。弓似乎取代了人类长期使用的矛。矛的射程为 30—40 米，而弓的射程为 80—100 米，强弓的射程可达 400 米。弓箭的火力和准确性大大提高了人类的狩猎能力，促进了狩猎的发展。在很长一段时间里，弓箭是史前人类广泛使用的武器。

中国的夸父追日传说是早期人类在野外生存斗争的一个很好的例子。从现代角度看，夸父是一位"长跑运动员"。在他的身上，我们不仅可以看到古人的奔跑能力，还可以看到人类奔跑的欲望和动力。这表明，体育文化的发展与人类的生存斗争密不可分。

2. 健康需求

健康比生存更重要。人类的进化始于原始和古代社会，其目标不再是生存，而是更好地生活。对健康的渴望成为运动文明发展的社会基础。

在中国古代，导引术的发明最初是用来治疗夏季多雨天气引起的疾病和强身健体的。

秦汉时期，医学的发展促进了导引术的发展。特别是在汉代，导引术的理论得以系统化，人们写出了许多著作，如《却谷食气篇》提出了如何根据季节和气候特点进行食气练习。

导引术的发明并非一蹴而就，而是根据中国古代的养生理念，按照人们的需求（包括生理和心理健康），在养生过程中逐步形成的。它鼓励人们提高自我控制能力，应对可能出现的生命威胁，以预防疾病，延长寿命。这进一步证明，以导引术为代表的古代体育文化的产生与人们对健康的重视密切相关。

3. 精神需求

生存和健康是人类的基本需求，但除了基本的物质需求外，人们总会有一些精神需求，如表达情感、增进交流等。推广和传播体育活动文化，有助于满足人们的基本精神需求。除了狩猎和捕鱼等活动外，原始人的日常生活还包括舞蹈和现代游戏等活动。这些活动加强了人与人之间的关系，使人们团结在一起，并给他们带来精神上的满足感。

自古以来，许多体育运动有助于振奋精神，音乐和舞蹈则"启耳目，安血脉"。体育文化的主要目的是满足人们的精神需求。

4. 休闲娱乐需求

体育文化发展的另一个社会基础是人类对休闲娱乐的需求。休闲娱乐是人的一种自然欲望，是人对身心愉悦的一种自然追求；而追求身心愉悦往往需要一定的行为，如唱歌、下棋、骑马、射击等，这些活动在一定程度上包含了体育文化的元素。总的来说，体育文化通过锻炼和自律满足了人们休闲和愉悦的需要，为人们提供了精神上的愉悦和娱乐。

（二）体育文化形成的条件

体育文化是人类为适应工业、家庭、物质和社会环境而通过各种体育活动创造出来的一种历史形态。体育文化的产生是一个从无意识到有意识的过程。在这个过程中，体育文化的产生和发展是个人和社会所创造生存和生活条件的一个组成部分。

1. 抽象思维能力

体育运动是人类社会的一种特殊现象。在动物身上，我们可以观察到一些体育活动，如鸡的啄食或猴子的跳跃，但这些都是遗传或生理因素导致的本能行为，不能将其归类为体育。并非所有人类活动都可以被归类为体育运动。例如，模仿和本能的肢体动作就不属于体育范畴，因为它们与自然界中动物的本能行为没有区别。

人类与猿类的主要区别在于从制造工具开始的工作。当人类开始制造工具并习惯性地使用工具进行工作时，动物世界和动物界的界限就固定下来了。可以说，人类社会的诞生过程就开始了。

在人类进化过程中，劳动器官的发展比思维器官的发展要快得多。但几万年后，随着语言的发展和人类思维的进化，人与猿之间的思维鸿沟第一次被拉开了，尽管实际上人与猿在社会形态上分道扬镳了。

语言和文字是第二级信号系统的标志，对人类思维的发展有着重要影响。人的心理和行为遵循生物规律，不可能达到抽象思维的水平。因为没有抽象思维，就不可能理解和思考物质世界，不可能选择和发展体育活动，也不可能形成健全的人。只有具备了抽象思维能力，才有可能有意识地保护体育活动留下的文化痕迹，发展现代体育文化。具备抽象思维对体育文化发展的重要性不言而喻。

2. 物质基础

人类社会诞生之初，可用的生产工具非常有限。当时的工具只有磨光的石器和木棍，不仅生产水平低，人们的生产活动也仅限于采集植物果实。在原始时期，石器有了多样化发展，人们不仅发现了木棍，还发现了矛、切割器和磨制工具。这表明，在这一时期，工具生产有了明确的分工，但人们还不能捕猎大型哺乳动物。直到大约2万年前，随着弓箭等精密工具的出现，渔猎经济才发展起来，并成为重要的生产手段。渔猎经济比狩猎和采集经济复杂得多，无论是使用的工具还是生产的组织形式，都是如此。

早期工具（石器、弓等）的制作和使用需要不同的素质和技能（力量、速度、协调性、敏捷性等）。随着人们使用的工具日益增多，他们制作工具的技术也随之演变出各自的特点。随着经验和知识的增长，越来越多的人能够模仿动作形式，进行体育活动。当这些初级体育活动成为有意识的教育和娱乐活动时，体育活动的雏形就产生了，体育文化的产生也就具备了条件。

正如原始生产活动与体育文化的比较所表明的那样，原始生产活动是体育文化产生和发展的基础。因此，发展体育文化的前提是要有坚实的物质基础，包括更先进的生产手段、更高的劳动生产率和能够满足基本生活需要的劳动产品。

3. 稳定的社会结构

体育文化的产生和发展有赖于个人的智力水平和社会的物质基础，其传承和保持是稳定的社会结构的组成部分，而稳定的社会结构对社会生产力提出了一定的要求。

在早期原始社会，食物匮乏，人们往往生活在20—30人的小群体中。到了旧石器时代末期，制造、储存和使用各种先进工具成为普遍做法，狩猎、捕鱼和捕猎成为重要的经济活动，尽管这些活动的复杂程度无法与生活在野外的早期原始群体相比。

4万至5万年前，人类社会开始发展成为以亲缘关系和女性统治为基础的母系部落社会。与原始社会相比，部落社会更具凝聚力、稳定性和社会组织性，角色分工明确。

部落社会引入了按性别、年龄和体力的社会分工,大大提高了劳动生产率,丰富了人口的物质资源。物质需求得到满足后,有经验的长者开始传授生产技术,传播实用知识,有时还组织儿童开展体育活动,从而使体育文化得以传承。

今天,体育文化因不同地区、不同民族的社会条件而各不相同,但总的来说,它在教育、训练、发展和传承的各个阶段都需要稳定的社会结构和有规律的社会分工。

二、古代体育文化的发展

(一)古代体育文化的发端

1. 古巴比伦的体育文化

古代的两河流域位于美索不达米亚平原,在幼发拉底河和底格里斯河之间的狭长地带。公元前4000年左右,苏美尔人开发了这一地区,并建造了世界上最早的城市。公元前2000年,古代巴比伦王国的建立和《汉穆拉比法典》的出版为两河流域带来了文明。公元前538年,古巴比伦被波斯国王征服,两河流域的古代文明开始崩溃。

由于两河流域经常发生战争,古代巴比伦尼亚的体育比赛具有军事性质,如拳击、击剑、射箭、摔跤,以及游泳、划船和其他水上运动等。游戏在古代巴比伦尼亚祭祀太阳神的仪式中也扮演着重要角色。

在古巴比伦,学校主要包括三种类型:一是由宫廷或政府机关设立的学校;二是由寺庙设立的学校;三是由文士私人设立的学校。其中,由官方设立的学校(即第一种学校)不仅向学生传授文化知识,还教授贵族子弟基本的军事技能,如使用武器、弓箭、法杖、剑和斧头、游泳、驾驶战车,以及他们认为合适的其他技能。在闲暇时间,古巴比伦人从事各种体育运动,如狩猎、舞蹈和杂技。

2. 古埃及的体育文化

埃及的王朝时期始于公元前3100年左右。公元前1567年至公元前1085年间,埃及国王扩张领土,建立了史无前例的帝国——古埃及新王国。这是历史上最繁荣、最发达的帝国。公元前525年,埃及被波斯帝国征服;公元前332年,埃及被亚历山大大帝征服;公元前30年,埃及被罗马帝国征服。

在古埃及,划船是第一项因生产劳动而发展起来的运动,并最终成为上层阶级的一种消遣方式。新王国时期的绘画和浮雕显示,古埃及的军事技能主要集中在决斗和剑术上,骑术和驾驶战车是重要的军事技能,游泳和划舟则是重要的日常技能。

贵族和法老是世袭的,他们的后代通常在宫廷或教会学校接受教育。古埃及还建立了贵族学校和军事学校,以教育上层阶级的子女。射箭、骑马和划独木舟等军事运动通常在这些学校中进行。

在古埃及,从婴儿期到青春期,人们都崇尚健康和体育锻炼的理念,并将体育锻炼放在首位。童年时期,父母允许孩子们赤身裸体在露天和阳光下玩耍;青春期,他们参加溜冰、陀螺和半人马等游戏;青年时期,他们可以参加跑步、跳跃、摔跤和拳击等激烈和耗费体力的运动。①

3. 古印度的体育文化

印度河流域最早的居民是达罗毗荼人。他们曾经从事高水平的体育运动,其中一些体育项目直接影响了后来印度体育文化的发展。

古印度的军事训练主要使用棍棒、长矛、铜斧、弓弩和火焰喷射器。除武装训练外,还有徒手自卫术,如在决斗中经常使用的勒死术。在古印度,还流行一种治疗体操,通过击打身体各部位来缓解疼痛。对人体有了解的人都会练习这种体操。

4. 中国古代的体育文化

在中国古代,"十人为什"是基本的战斗单位,与之相对应的是左、中、右三军编制和甲士、徒兵等配备。军队定期进行长时间的训练和实战演习,以检验每个士兵在射箭、徒手格斗、投掷和骑术等方面的技能。

在中国古代,体育活动是礼仪活动的一部分,其中著名的是射箭,这可能反映了传统的礼仪文化。夏商时期,体育知识和技能通过学校得以传播。

5. 爱琴文明中的体育文化

爱琴文明通常被称为米诺斯文明和迈锡尼文明。米诺斯人的军事训练以弓箭、长矛、匕首和武装行军为主。迈锡尼文明由迈锡尼人于公元前1600年左右建立,体现了体育锻炼和武术的理想;迈锡尼人的日常训练包括射箭和投矛,以及摔跤和驾驶战车。爱琴文明的宗教活动通常包括拳击和斗牛等体育运动。

6. 其他地域的体育文化

伊斯兰教非常重视人的身体和精神素质的发展,强调通过良好的卫生习惯、有益的锻炼和规律的生活来提高身体素质,通过精神的培育和意志的增强来发展健全的心灵。中亚文化偏爱骑马、射箭和摔跤等运动,印度文化则将神圣的球类运动作为其仪式的一部分。

(二)轴心时代的体育文化

"轴心时代"一词由德国哲学家卡尔·雅斯贝尔斯首次使用。他将轴心时代定位于公元前800年至公元前200年之间。雅斯贝尔斯认为,轴心时代是人类历史上最重要的时期,在这一时期,智力文明得到了长足的发展。下面介绍轴心时代中国、希腊和印度

---

① 周冰. 多元视域下的体育文化发展研究 [M]. 长春:吉林大学出版社,2022.

的体育文化。

1. 中国的体育文化

公元前770年至公元前221年，随着王室的衰落和正规学校的消失，国立学校和各种艺术（如琴、棋、射箭）的专门教育课程逐渐建立起来。这些专门技能需要人们根据难度定期练习，它非常重视身体技能的发展，如通过锻炼提高耐力。

春秋战国时期，作战的基本形式由坦克转变为步兵和骑兵。步兵和骑兵在每辆坦克中扮演不同的角色，体能训练、技术训练和战术训练的角色分工更加明确。这一时期，统治阶级的体育活动发生了两个重要变化。首先，一些社会体育运动不再有限制，开始呈现出娱乐化倾向；其次，一些体育运动开始从军事训练演变为竞技运动，如击剑和骑士运动。与此同时，出现了世俗化的大众体育。在一些经济相对发达的城市，人们开始开展荡秋千、吹口哨、击鼓和斗鸡等娱乐活动。

2. 希腊的体育文化

轴心时期的希腊文化通常被认为是欧美文化的源头，但只有在斯巴达和雅典，体育锻炼才很普遍。体育锻炼类似于军事训练，就像斯巴达人经常做的那样。在斯巴达，7至12岁的儿童被送往公立学校，在那里接受准军事训练和严格的体能训练，为以后的军事训练打下基础。18岁时，他们必须加入步兵团，接受正规军事训练。

雅典统治者认为，公民需要均衡发展才能履行其职责。基于这一教育理念，雅典的小学主要分为两类：音乐学校和体操学校。与斯巴达体操不同，雅典体操注重发展学生的力量和灵活性，课程主要包括跳跃、跑步和游泳。在此期间，希腊设立了许多节日，将宗教仪式与体育、表演和文化活动结合在一起。仅在雅典，每年就举办约50个节日，其中还包括体育赛事。

3. 印度的体育文化

公元前400年左右，雅利安人统治下的摩揭陀王国统一了恒河流域，成为印度最强大的国家。在这一时期，狩猎是生存和军事训练的一种手段，弓、箭和陷阱经常被用来猎杀野生动物。马诺·萨罗索的《摩诺沙罗梭》被认为是研究古印度军事训练的重要著作，因为它详细介绍了战士训练的方法（尤其是骑术、驯象、格斗和狩猎）。

在印度，舞蹈是宗教生活的重要组成部分，舞蹈比赛总是在重要场合（如新国王就职典礼或宗教节日）举行。赛马、杂技和魔术也很受欢迎，经常在节日期间表演。

（三）古代体育文化的演进

1. 中国古代体育文化的演进

中国古代体育文化的发展主要体现在两个方面。

一是教育中体育文化的演变。从公元前221年开始,中国的正规教育侧重于培养官员和官僚,教学内容以儒家经典为基础,武术的作用逐渐减弱。统治者根据军功和武艺选拔人才,但从汉代开始,这种选拔方法在正规教育中不再被认可。这种情况在唐朝开始改变,武则天引入了武举制度。在唐、宋、明、清时期,武科考试分为文科和武科(也称为内科和外科考试)。武科最重要的方面是军事战术和战略,武科考试的内容根据每个朝代的需要不断变化。

二是武术作为一种体育文化的演变。武术是中华优秀传统文化的宝贵遗产,是一种技击武术,最初是从古代人民的生产和生活方式中发展起来的。武术作为一种体育文化的发展和演变可以从以下几个方面进行分析。

(1)战争形式与武器变化。军事武术是以传统体育文化为核心发展起来的,军事武术与军事战争有关。如果把战场上的杀伐风格概括起来,可以说武术与军事武术的产生和发展是密不可分的。战争和武器的变化,使军事武术从集体配合、个人进攻转向个人作战方式,这种变化是中国传统武术进一步发展的动力。在商朝和周朝,武术训练主要限于两个内容:刀术训练和队列训练。春秋战国时期,装甲战是一种常见的作战形式,因此弓箭和装甲训练成为军事训练的重要组成部分。武器开始适应战争的需要。年长的士兵变得"矮小",武器类型的变化要求士兵具有更强的战斗力和体能。在此期间,被称为"武术"的徒手武器训练开始用于军事训练。在秦朝和汉朝,"徒手格斗"和"近身格斗"被区分开来,许多关于武术技巧的著作问世,包括提供剑术、徒手格斗和射箭等技巧的书籍。

(2)养生术的发展。古代一些通过饮食、呼吸来治病强身的方法,在原有治病方法的基础上,逐渐发展并转化为行气术。尽管其中不乏一些迷信的糟粕,但不可否认的是,它也具有一定的科学价值。

2. 罗马体育文化的演进

(1)希腊时期的自然文明。所谓希腊时期,通常是指公元前4世纪到公元1世纪之间希腊文明兴盛的时期。西方文明在这一时期发展非常迅速,并留下了宝贵的历史和文化遗产。在希腊时期,体育在所有国家的重要性普遍下降,体育文化的性质也发生了一些变化。体育竞赛经济奖励制度的引入,使体育的性质从"为城邦荣誉而战"转变为"为个人胜利而战"。与此同时,职业摔跤手人数的增加和社会制度的衰败,意味着参加体育比赛的人越来越少,大多数人转而参加稍微血腥一点、更受欢迎的动物和角斗士运动。

(2)古罗马时期的体育文化。在罗马帝国时期,体育文化的发展非常重要。体育在生活和教育中扮演着非常重要的角色。总体而言,这一时期的体育高度发达。在罗马帝国,体育成为统治阶级的一种娱乐手段。为了庆祝军事胜利,统治者有时会组织空前的体育活动，将文化奇观和体育运动结合起来。这些活动通常是游行、决斗、战车比赛和战斗场面，其主要目的不仅是娱乐，也是为了展示力量和威慑对手。

（3）拜占庭帝国的体育文化。拜占庭帝国又称东罗马帝国，始建于395年，1453年灭亡。它是欧洲历史上最长寿的君主制国家，由于信奉正统基督教，体育活动相对较多，舞蹈是主要的宗教娱乐形式。随着拜占庭帝国的发展，宗教舞蹈逐渐衰落，体育表演成为更常见的娱乐方式。狩猎、斗牛、杂技和战车比赛是这一时期流行的体育项目。

3. 波斯与阿拉伯体育文化的演进

由于所处的地理位置，伊朗和阿拉伯受到东西方文化互动的影响。从体育文化中，我们也可以看到这两种文化融合的迹象。伊朗在军事训练中非常重视体育，体育往往是青少年教育的重要组成部分。伊朗的军事训练采取出击的形式，对准备当兵的年轻人的主要要求是有意愿、有经验和有技能。大多数波斯人属于部落群体，过着游牧生活，因此骑马和射箭是基本技能之一。赛马、击剑、拳击、摔跤、游泳、举重、国际象棋和航海在波斯社会非常流行，其中游泳和航海对波斯湾、里海和内陆水域的居民尤为重要。

在阿拉伯国家，传统运动包括狩猎、赛马、骆驼比赛和摔跤。贵族更喜欢球类和国际象棋等较为温和的运动。阿拉伯军队以部落或氏族组织为基础，由手持长矛的骑兵和手持弓、箭、剑的步兵组成。普通阿拉伯人必须掌握射箭、击剑和投矛。

4. 古代体育文化的国际交流

在古代，中国的体育思想传播到东西方许多国家，产生了巨大影响。中国也吸收了国外先进的体育思想，促进了中国体育潜力的挖掘和发展。以下介绍了这一时期中国与朝鲜、日本及其他国家的体育文化交流。

（1）中国与朝鲜的体育文化交流。中国与朝鲜的文化交流可以追溯到西周时期的箕子"东游朝鲜"。他为朝鲜带来了先进的农业文化，并传播了医学文化。中国的兵器和武术在天智王朝之前就已传入朝鲜。在朝鲜贾岗郡龙井洞地区，人们发现了中国的金属器，如青铜箭镞、铁箭镞、铁剑和铁矛。在朝鲜半岛的庆尚北道和庆尚南道地区，人们也发现了朝鲜青铜剑遗迹。秦朝和汉朝时期，中国和朝鲜之间的武器，以及射箭、音乐和舞蹈等武术交流，非常频繁。

（2）中国与日本的体育文化交流。中日之间的文化交流始于秦朝和汉朝，当时的武器都是金属制造的。魏、晋、南北朝时期，一些中国人移居日本，日本雇用兵器工匠制造枪、弓和药物。在此期间，日本还举行了柔道比赛，并将其逐渐发展成为相扑运动。隋唐时期，日本开始派遣使节学习文化知识。唐朝时，象棋传入日本。从唐朝开始，日本的剑术得到了长足的发展。在宋朝，日本开始向中国大量出口剑。这极大地促进了中国剑术的发展。

（3）中国与东罗马之间的体育文化交流。中国和东罗马是两个非常重视体育发展的国家，两国经常在这一领域交流经验。在中国，人们在唐代墓葬中发现了一个罗马执政官头像的"人偶"。1100年前后，东罗马在中国留下了拳击、摔跤等体育运动的痕迹，中国也向东罗马介绍了五项全能运动，相当于现代的保龄球。

（4）中国与其他国家的体育文化交流。国际象棋原产于印度，后经波斯传入阿拉伯，很快在阿拉伯贵族中流行开来。伊斯兰教的各种宗教活动逐渐成为各国体育交流的渠道。例如，在麦加朝圣期间，世界各地的穆斯林商人和市民都会前往圣城，参加各种文化活动和艺术表演。因此，有人认为古代阿拉伯人到麦加朝圣的价值和重要性不亚于古代奥运会。

三、现代体育文化的发展

（一）欧洲体育文化的转型

欧洲体育文化就是现代体育文化，如果你了解了从中世纪至今欧洲体育文化的发展，就会了解现代体育文化的发展。我们将首先回顾欧洲中世纪的体育文化，然后研究导致体育文化变革的因素和途径，最后分析工业革命背景下欧洲体育文化的变革。

1. **中世纪欧洲的体育文化概况**

中世纪一般被理解为5世纪至16世纪之间的时期。就欧洲体育的发展而言，5世纪至9世纪之间的时期可称为前中世纪时期，9世纪至14世纪之间的时期可称为中世纪时期。

14世纪以前，在基督教"节制"思想的影响下，欧洲社会的体育活动逐渐减少，尽管社会各阶层仍在组织一些体育活动，如圣诞节庆祝活动。

在中世纪，骑士作为兵役的一个特殊类别被允许参加体育训练，马术训练的普及促进了欧洲许多体育项目的保存。随着新兴资产阶级的崛起，骑士精神逐渐成为一种绅士运动。

2. **体育文化转型的动力**

影响中世纪欧洲体育文化变革的主要有三股力量：首先是人文主义思想的兴起；其次是社会改革；最后是对体育需求的日益增长。

（1）人文主义思想的兴起

文艺复兴运动不仅复兴了人文主义思想，唤醒了人们的人文主义意识，还创造了关于身体、体育等的新概念。在这一时期，体育日益成为学校教育的重要组成部分。

（2）社会改革

16世纪，马丁·路德领导的改革运动传遍欧洲，为许多欧洲国家学校运动的发展奠定了物质和思想基础。新教精神也促进了注重个人发展的体育文化变革。

（3）对体育需求的日益增长

随着思想的发展，人们开始意识到自身的全面进化。现在的生活不仅有仪式感，还有精神层面。体育作为一种满足人们健康和休闲需求的活动，越来越受到人们的认可。

3. 体育文化转型的途径

在中世纪的欧洲，市民体育文化的转型与骑士体育文化的转型所遵循的途径有所不同，具体如下所述。

（1）市民体育文化的转型

在中世纪的欧洲，封建领主破坏了村庄的安全和独立，这往往导致村庄之间发生冲突，尤其是防御性冲突。出于维护生存安全的需要，一些村民开始效仿骑士和武士，从事摔跤、射箭和击剑等运动，这在一定程度上促进了城市体育文化的发展。从文艺复兴时期开始，市民参与体育活动的积极性更加高涨，对体育的态度也更加积极主动。到15世纪，封建国家和以保卫国家为主要任务的职业军队逐渐发展起来。在这一时期，城市体育活动开始向体育娱乐方向发展。然而，城市竞赛和娱乐活动效率低下，管理严格，经常引发斗殴和其他破坏公共安全的事件。从16世纪起，中产阶级开始主动改革体育活动，改革后的体育竞赛成为城市中下层阶级日常生活中不可或缺的一部分。

（2）骑士体育文化的转型

随着封建制度的瓦解，骑士阶层逐渐消失，原来的军事体育逐渐成为贵族的运动，体育从军事训练转变为上层社会的娱乐活动，目标不再是战胜对手，而是在体育比赛中获胜。从某种意义上说，从骑术到马术运动的过渡标志着欧洲体育正式从传统体育中分离出来。

4. 工业革命背景下的欧洲体育文化转型

18世纪60年代的工业革命对欧洲体育文化的发展产生了重大影响。工业革命加速了欧洲国家从农业经济向工业和城市经济的转型，使体育从生产劳动中分离出来，成为一种独立的社会现象。欧洲的体育合法化进程早在工业革命之前就已开始。工业革命后，各国政府通过法律禁止发展野蛮残酷的体育运动，体育运动的正常化成为一种社会行为。与此同时，体育也越来越多地融入教育，成为教育活动的重要组成部分。英国哲学家约翰·洛克（John Locke）在中世纪体育教育思想的基础上，提出了体育教育的综合概念，奠定了欧洲体育、道德和精神教育"三位一体"的基础。

(二)现代体育文化的形成

1. 现代体育思想的形成

现代体育思想主要包括人文体育思想、体育教育思想和体育权利思想。要分析现代体育思想的发展,我们必须从上述三种思想入手。

(1)人文体育思想

文艺复兴、启蒙运动和宗教改革,使人文主义在西方世界得到了重要发展。在人文思想的影响下,人们开始更加关注身心发展和健康,人文体育思想也更加清晰和发达,体育在其中发挥着重要作用。

(2)体育教育思想

文艺复兴时期,人们开始为实现"全面教育"而奋斗,体育成为教育的一个组成部分。许多人文学科的教育工作者开始利用体育的教育价值,体育教育的概念正式形成。启蒙运动之后,教育的目的开始发生变化,体育主要用于中产阶级教育;18世纪,由于西方世界的变化,体育在国民教育中的价值日益得到认可,体育教育的概念得到正式承认并发展至今。

(3)体育权利思想

法国启蒙哲学家让-雅克·卢梭认为,教育必须尊重儿童发展的自然规律和儿童的权利。英国的《权利法案》(1689年)、美国的《独立宣言》(1776年)和法国的《人权宣言》(1789年)都将包括体育权利在内的人权写入了法律。从那时起,体育运动权的概念在西方社会广为流传。

2. 现代体育手段的系统化

(1)德国体操体系

从18世纪起,德国发展出一套以现代体育器械系统化为特征的体操体系。德国体操体系以机械体操为中心,在这一过程中渗透着与爱国主义和民族主义特别相关的练习。德国体操的整体发展可分为两个时期:一是杨氏体操时期,二是施皮斯体操时期。后来被纳入德国体操体系。

(2)瑞典体操体系

19世纪初,瑞典被其他国家征服,处于危险之中。在这种情况下,瑞典人变得越来越爱国,并发展了一套体操系统,以增强体质,保卫国家。

(3)英国户外活动和竞技运动

户外运动和竞技运动在英国非常流行,包括帆船、划独木舟、跳水、跳远、拳击、击剑、足球、网球和冰球。20世纪30年代,随着英国城市化的发展,有轨电车、游泳池和温泉镇等体育休闲设施相继建成,以满足人们的体育需求。其中,最著名的是格拉斯哥的亚历山德拉公园（Alexandra Park），公园内有游泳池、高尔夫球场和其他体育休闲设施。

在此期间，户外俱乐部的数量也有所增加。一些工厂还为工人组织了小型体育俱乐部。体育俱乐部让各个年龄段的人都能根据自己的需要参加不同的体育活动。例如，儿童和青少年喜欢趣味运动，年轻人喜欢足球、篮球和橄榄球等球类运动，老年人则喜欢高尔夫和保龄球等运动。英国教育家托马斯·阿诺德将户外运动和竞技游戏引入学校，使它们成为英国社会的重要教育工具。他还是"体育自主原则"的先驱之一。根据这一原则，有一定经验和技术的高年级学生成为低年级学生在体育运动中的导师和引导者。这一原则对欧洲的体育教育产生了非常积极的影响。

3.体育的课程化和学校体育制度的确立

（1）体育的课程化

1774年，德国教授巴塞特率先将体育纳入正式课程，并任命专门的体育教师。随后，古茨穆特开发了一套全面的体育课程，并开始对体育教育问题进行系统分析。他的工作为欧洲其他国家的体育教育发展奠定了基础，古茨穆特也经常被称为"现代体育之父"。

（2）学校体育的制度化

在世界各国，学校体育的制度化整体上经历了十分漫长的过程，具体如表1-1所示。

表1-1　学校体育制度化的发展历程

时间	发展情况
19世纪初	一些国家开始重视体育教育
1809年	丹麦在中学开设了体操课，成为最早设置体育相关课程的国家
1814年	丹麦在小学开设了体育课，并将体育课作为普通教育的重点内容
1820年	瑞典学校设置了体操课程
19世纪40年代	普鲁士在各州的中学、高校、师范学校分别开设了体操课
19世纪60年代	体育成为德国学校的正式课程
1903年	英国政府指出，要想发展学校体育教育，首先就要建设体育场地与设施、培养体育教师，英国体育教育从此走上了全新的发展道路

（3）体育师资培养的专门化

随着体育教育的不断发展，师资问题开始引发人们的关注。19世纪中叶，欧洲对体育教师的需求大幅增长，但毕业生的数量和质量却无法满足社会的需求。19世纪末，欧洲的体育教师问题逐渐得到改善，英国、荷兰、比利时和奥地利等国开始扩大体育教师的培养规模。

4. 体育的早期科学化发展

19世纪瑞士教育学家裴斯泰洛齐（Pestalozzi）受洛克教育思想和卢梭科学思想的影响，主张改进初等教育和优化师资培训。19世纪70年代，在这一思想的推动下，一个以现代科学成果为基础的体育科学家小组正式成立。这个团体从生理学、心理学、教育学和环境的角度研究体育运动，促进了体育工程学、体育心理学和体育医学的发展。其成员不仅包括运动员和教师，还包括社会学家、心理学家、医生和其他领域的专家。

（三）现代体育文化的转型

1. 欧洲体育文化的转型

从17世纪开始，生产力和交通工具的发展促进了国家间体育和文化的交流。随着欧洲经济的发展和殖民国家的扩张，西方体育文化被传播到世界各地，现代欧洲体育开始转型，并日益全球化。欧洲体育文化的变革发展如下。

（1）体育项目的规范与推广

各种体育运动的传播和发展不断丰富着欧洲的体育文化。1850年前后，丰富而规范的欧洲体育运动（户外运动、球类运动等）被传播到北美和世界其他地区，这部分归功于民众的热情。

（2）运动竞赛的兴盛与扩展

19世纪初，欧洲开始组织田径比赛，如游泳、射击和滑冰比赛。19世纪中叶，荷兰组织了速度滑冰比赛，瑞典、丹麦和英国运动员参加了比赛；还组织了其他国际田径比赛，但未得到官方认可。然而，随着国际和国家体育组织的逐步发展，这些非官方比赛逐渐成为官方体育赛事。体育赛事的激增，促进了现代欧洲体育在全球范围内的发展。

（3）体育组织的出现与普及

随着体育运动的发展，人们关注的焦点逐渐从学校转移到社区，体育组织也相继成立。于是，人们逐渐形成了体育分类的概念，每个项目都成立了不同的体育组织。国与国之间的体育交流日益普及，国际体育比赛也应运而生。然而，由于缺乏设施和组织混乱，大型体育比赛难以组织，于是人们成立了国际体育组织，以规范体育比赛的组织和进行。

2. 北美地区体育文化的转型

（1）现代体育的传入与创新

1607年，一部分英国人抵达弗吉尼亚州。后来，包括法国、德国和荷兰在内的许多国家将欧洲的传统体育运动带到了美国。当时，体育在美国的作用仅限于保持健康和强身健体，因为社会教育并未受到重视，人们也尚未认识到体育的社会价值。直到1809

年，约瑟夫·内夫在费城创办了裴斯泰洛齐学校，将体育教育的理念引入美国，体育的教育价值才受到重视。19世纪中叶，障碍赛等在美国年轻人中非常流行。

速度滑冰、独木舟和雪橇随着移民来到加拿大，并适应了当地的气候。而且，随着移民数量的增加和人们对娱乐需求的增长，各种体育运动在加拿大得到了发展，包括拳击、体操、网球、举重、射击和摔跤。

（2）学校体育的确立与体育师资的培养

南北战争之前，美国学校几乎没有体育课，但战后，体操和娱乐活动开始在学校流行起来。路易斯于1861年在波士顿创办的体育师范学校在美国体育教师的培训中发挥了重要作用。暑假期间，一些学校开始组织体操和田径比赛，这对体育教师产生了一定的影响。

（3）体育组织的建立与体育立法的规范

在体育组织中，基督教青年会（YMCA）在现代体育的发展中发挥了重要作用，促进了美国体育运动的发展。与基督教青年会一样，成立于1885年的美国健康、体育和娱乐协会也为美国的体育发展做出了贡献。

随着体育教育在公立学校中的重要性与日俱增，美国各州开始制定体育教育法。例如，俄亥俄州于1892年通过了一项体育教育法，规定该州中学必须开展体育教育。1904年，该法被修订为所有学校必须开展体育教育。1894年，路易斯安那州通过了地方体育法，随后宾夕法尼亚州、威斯康星州和其他州也相继通过了体育法。立法者在体育活动领域的作用尤其体现在通过法律强调体育活动和运动对改善生活方式和提高生活质量的重要性。

3. 中国体育文化的转型

（1）洋务运动引入西方体育文化

1862年，一批外国人开始训练新军。洋务派不再以弓、剑、石、箭为主要武器，而是请来西方教官，开始使用洋枪洋炮和外国比武进行训练。这一时期，洋式体操，如单人体操和梯子操，以及单兵棍、双兵棍、木棍等训练成为主要方法。甲午战争后，英、法、美、德等国开始组织青少年活动，为战争工业培养干部。外国学生通常学习足球、棒球、橄榄球和花样滑冰等体育项目。

1881年8月，北洋水师学堂正式落成。北洋水师学堂受西方各国军校的启发，除了教授科学、技术和文化知识外，还教授击剑、拳击、行军、跳高、跳远、游泳、滑冰、单臂和双臂撑竿跳高等各种体育项目。

（2）维新运动进一步引进西方体育文化

中日甲午战争后，以康有为为首的资产阶级维新派继续推行维新思想，发动了著名的"戊戌变法"。虽然戊戌变法失败了，但与之相关的思想和体育实践在中国继续发挥着重要作用。戊戌变法的领导者康有为看到了体育在人们德智体全面发展中的作用，认为发展教育和训练是实现民族复兴和解放的重要步骤。受康有为思想的影响，改革者引入了许多与体育有关的理念，并被后人传承和发展。

中国杰出的思想家和教育家杨孚曾担任北洋水师学校校长，他向学生介绍西方体育文化和先进的体育思想，并组织了许多校际体育活动和比赛，如田径、足球、器乐和击剑等。这在当时的中国是很少见的。

（3）教会学校和基督教青年会传播现代体育文化

鸦片战争后，西方资本主义国家派遣传教士来华创办教会，许多体育项目由此传入中国。19世纪末，许多国家的教会开始在中国开办学校。虽然大多数学校不提供体育教育，但也成立了许多体育俱乐部和运动队。

基督教青年会于19世纪70年代首次出现在中国，到1912年已在中国25个城市建立。青年会在发展中国体育方面所起的作用主要包括：（1）推广和传播西方体育文化；（2）组织体育比赛；（3）培训专业运动员。

4. 日本体育文化的转型

（1）西式体育的引进与实践

日本引进西方体育文化的主要目的是抵御外来侵略。日本人将其视为加强军队和保护自己免受屈辱的一种方式。明治维新前不久，英国和法国的军事训练逐渐取代了荷兰的军事训练。明治维新后，日本进行了一系列政治、经济和外交改革，开始走向资本主义。为了使日本体育适应资本主义的发展，日本主要学习西方体育，但也不忘吸收本国传统体育的精华。自1870年以来，日本在进行教育改革的同时，还采取了一系列措施发展现代体育。在这一时期，日本体育教育的主要目的是向学生灌输体育精神，即独立和自立，以及武士道精神，即向人民传授知识和与不公正做斗争。

（2）传统体育的衰微与复兴

武术是日本的传统体育项目。仅在江户时代，日本就有60多种武术。但在明治维新后的几十年里，日本传统体育深受西方体育的影响，日本人的心理也受到西方文化的影响。1882年，金地五郎创立了现代柔道，合并了多个道场，并在正仓院开设了一家柔道馆。与此同时，国家资助的击剑运动得以复兴，职业击剑手应运而生。

5. 拉丁美洲体育文化的转型

随着新航路的发现，以西班牙和葡萄牙为代表的西方文明开始向拉丁美洲传播。19世纪初，阿根廷、巴西和墨西哥等拉美国家相继独立，并逐渐发展起现代体育运动。

起源于美洲地区的竞技体育运动，如骑马、击剑、拳击和射击，传入拉美青年会；足球、篮球和棒球等球类运动蓬勃发展。1916年，拉丁美洲举行了第一届足球锦标赛。

委内瑞拉的斗牛、阿根廷的骑马和射箭等传统体育运动在拉丁美洲得以延续。拉丁美洲形成了大众体育与欧洲体育相结合的体育体系，并建立了地区体育俱乐部和组织。

6. 大洋洲体育文化的转型

大洋洲的大多数人口是英国裔移民。因此，这些移民将英国体育带到大洋洲，英国体育成为现代体育的重要组成部分也就不足为奇了。大洋洲最早的体育赛事之一是 1803 年在加尔各答举行的板球比赛，而有组织的足球比赛直到 19 世纪中期才在大洋洲普及开来。

大洋洲保留了英国的一些主要运动项目，但由于地理优势，也出现了其他一些运动项目。例如，大洋洲大多数城市靠近海滩，因此，游泳、冲浪和独木舟等水上运动非常流行，自由泳最早出现在澳大利亚。总体而言，大洋洲的水上运动水平在世界上相当高。

第三节 体育文化的属性与结构

一、体育文化的属性

文化是人类多方面的创造，体育文化也不例外。体育文化具有许多文化共有的特征（即共性），但也有一些独有的特征（即特性）。一般来说，体育文化的特殊性表现在以下几个方面。

（一）时代性与创造性

体育文化作为一个文化领域，往往受到经济和现代化规范的制约。作为一个社会领域，政治、法律和宗教直接影响着人类的思想和行为规范，并根据当前社会的需要塑造价值观。由于体育文化的发展与特定的社会文化背景和社会意识形态密不可分，因此，体育文化并不是一成不变的，而是随着社会环境的变化而发展。这也就解释了为什么体育文化存在周期性。体育文化的周期性意味着它必须随着时间的推移而不断发展，并不断进行自我革新和自我更新，以保持长期的可持续性。

体育文化是各民族在争取解放和自由的漫长社会形成过程中创造的物质和精神财富。许多体育项目是在各国传统体育项目的基础上演变而来，逐渐变化融合成新的项目。例如，中国现代武术之一的桑塔拳，就是中国传统武术与西方拳击融合的产物。由此可见，体育文化将通过加强现代化和创造性，朝着自由、和谐的方向发展。

（二）竞争性与交融性

竞争力是体育运动的一个重要因素，不仅在竞技体育中如此，在业余体育中也是如此。体育运动中的竞争不仅涉及身体数据、技能和经验，还涉及意志品质、思维和士气。鉴于体育竞争的普遍性，我们可以说，竞争是现代体育的灵魂，也是体育文化重要的特征之一。

在体育竞赛的影响下，体育文化更加强调公正和公平，始终保持着竞争性，逐渐形成了自己的体育价值观，在体育竞赛中发挥着不可或缺的作用，促进了不同地区、不同国家相同体育项目的混合，带来了不同体育文化的融合。体育文化的交融促进了各国体育文化的交流，丰富了体育文化的内涵。这种混合也是民族体育文化从简单到复杂不断发展的基础。

（三）大众性与全民性

传统体育与人类生产和生活息息相关，长期以来在不同地区、不同民族间交流与传播。在现代社会，人们通过体育运动来强身健体、延年益寿，这为体育文化的发展创造了稳定而广泛的基础。近年来，随着社会的发展和人民生活水平的提高，各年龄段人群对轻型体育运动的喜爱程度越来越高。相信在不久的将来，体育文化将成为人们日常生活中不可或缺的重要组成部分。

（四）时间性与空间性

首先，体育文化的产生和发展并不取决于历史，而是取决于特定的历史变迁过程。其次，体育文化并不是一成不变的。最后，体育文化的空间性特征使其区别于文化层次、文化群体和文化空间的统一性。由于体育文化具有的生命力、吸引力和优秀性，体育文化作为一个整体以文化链的形式在时空中传播，形成不同的文化群体，扩大体育文化的影响力。

（五）多样性与民族性

不同的目标、价值观和参与形式产生了不同形式的体育文化。体育文化的多样性主要体现在两个方面：内容和形式。

体育文化的民族渊源与各民族的地理环境、文化背景和生活方式密切相关。例如，中国传统民族体育文化受地理环境和多民族构成的影响，具有尊重自然、提倡人与自然和谐相处、以静态简单动作为主的特点，从而发展出以传统武术为代表的不需要直接身体接触的传统体育项目，如乒乓球、体操、太极拳等。西方文化崇尚个性解放和个性发展，与不同民族的体育运动联系更加紧密。由于西方文化崇尚个性解放和个性张扬，因此，西方体育运动侧重于情绪激烈的身体对抗，如拳击和橄榄球。

体育文化与种族多样性密不可分。至少，体育文化的民族渊源可以被看作体育文化多样性的基础，不同民族参与的体育运动造就了丰富多彩的体育项目。同时，体育文化的多样性也削弱了不同民族体育文化因地域而产生的局限性，使民族体育文化可以吸收其他民族的体育文化精华。由此可见，体育文化的多样性对民族体育文化的发展起着重要的作用。

（六）开放性与互动性

随着全球一体化的发展，国家和国家之间的体育文化交流日益频繁。体育文化是一个相对开放的系统，它随着外部世界的变化而不断发展。它的开放性也使其成为世界人民的共同价值观。

此外，体育文化往往具有选择性互动的特点。在这种互动中，不同类型的文化被纳入或排除，强调文化融合过程中的选择性。有时，体育文化被作为一种体育竞技形式，吸引观众，促进人与人之间的合作。

一般来说，体育发展水平越高，科学技术的传播也就越明显，进而文化的传播也就越明显。今天，随着科学技术的发展和社会文化的进步，体育文化的传播已经打破了时间和空间的界限，未来体育文化的发展可能会更多样化、扩大化和加速化。

二、体育文化的结构

体育文化是世界文化的重要组成部分，有其自身的内涵和外延，是人类文明的遗产。与其他文化一样，体育文化的各个要素在相互影响、相互作用中形成了相对稳定的结构。下面将从特征和内容两个方面对体育文化的结构进行分析。

（一）体育文化结构的特征

1. 动态性

动态性，又称"可变性"，是体育文化的一个基本特征。当体育文化与外部环境相互作用时，它们往往表现为量变或质变的动态变化。以中国体育文化的演变为例，1840年以后，随着西方体育文化的传入，中国传统体育文化开始从内部发生变化。在众多大型体育文化交流活动的影响下，尤其是在原有传统体育文化的影响下，中国体育文化克服了内部停滞的弊端，走向开放，并取得了新的成就。

2. 稳定性

体育文化的结构一旦形成，就会在一段时期内保持不变。尽管某些要素可能会发生变化，但整体结构不会立即改变。因此，可以认为体育文化的结构是稳定的。但需要注意的是，体育文化的稳定性不是绝对的，而是相对的。例如，最初的野外体育和基层体育并不是完全独立的，而是相对封闭的，由于两者之间缺乏交流，所以并不稳定。朝廷引进基层体育后，对基层体育文化结构的发展产生了一定的影响。

3. 整体性

体育文化是一种人为的社会文化。由于这一特点，它不可能像自然物质系统那样具有刚性，体育文化系统具有可分性和不可分割性。原则上讲，每一个体育文化系统都包含若干体育文化要素，有的与原有系统密不可分，有的可以融入其他体育文化系统，体育文化系统要素的类型和数量并不是固定不变的。但从宏观层面来看，体育文化在物质、心理和制度层面都具有一定的完整性，这是由体育文化的内在逻辑所决定的。

4. 自调性

换句话说，不同地区、不同层次体育文化组成部分的变化会导致其他地区、其他层次体育文化组成部分的相应变化。当所有组成部分相互协调时，体育文化的内部结构就会回归到一个相对稳定的水平。在体育文化发展过程中，这种自我调节往往根据社会的发展水平和民众的生活条件，以本土体育文化与外来体育文化融合的形式出现。在近代体育史上，中国武术的发展表现出高度的自律性：一方面采用西方的体育竞赛制度和训练方法，另一方面又抵制西方文化的影响。一般来说，一个国家的经济水平越高，社会越开放，当地的体育文化就越容易采纳和吸收外来的体育文化。

5. 层次性和多维性

层次性和多维性也是体育文化结构的重要特征。体育文化结构的层次性是指体育文化结构可以分为若干纵向层次，如深层结构、中层结构和浅层结构。体育文化结构的多维性是指体育文化可以分为几个独立、相互依存和平行的横向部分，不同体育项目所对应的文化代表了体育文化结构的多维性。

（二）体育文化结构的内容

体育物质文化、体育制度文化和体育精神文化是体育文化有机结构中三个重要的要素。

1. 体育物质文化

体育物质文化是指人们参与体育和体育活动的物质形式和活动。

（1）体育物质文化可分为三大类：一是为促进体育发展而创造出来的各类体育物品；

二是旨在改造人的身心的体育活动；三是为满足体育需要而设计的体育器材和设施。体育物质文化包括所有直接受人类体育知识和体育概念影响的物质文化产品，如比赛裁判系统、裁判方法和体育赛事录像。体育物质文化、体育制度文化和体育精神文化的区别主要从三个方面来理解：活动的性质、形式的物质性和表现形式的简洁性。体育物质文化的具体表现形式包括体育服装、体育器材、体育设施、体育雕塑和体育标志。

（2）体育物质文化的特性

体育物质文化主要包含三大特性：一是基础性，二是物质性，三是易显性。

所谓基础性，是指体育物质文化是体育制度文化和体育精神文化的重要组成部分。例如，如果足球运动没有物质基础，足球队和足球精神就不会存在，也就没有正常发展的机会。

所谓物质性，是指真实、具体和有形的体育文化。体育物质文化包含运动员的主观意识，但其内容仍然是物质的，而不是精神的。

所谓易显性，是指体育物质文化处于一般体育文化的表面，体育文化的发展往往通过体育物质文化表现出来。换句话说，参与体育运动的人们，往往首先接触到的是用于推广体育运动的体育器材和体育设施。

2. 体育制度文化

对体育制度文化的理解，我们可以从以下几个层面进行。第一，体育制度文化是人类改造体育运动、完善活动方式及制度的产物。第二，体育制度文化是指参与体育管理和治理的一系列社会关系、规范和组织。第三，体育制度文化是人类活动创造的一种动态的、稳定的文化类型，主要包括体育制度内容、体育社会组织、体育伦理道德、风俗习惯、传统，以及政治和法律形式等。在体育文化的整体系统中，体育制度文化处于中间位置，其子系统以体育机构为主，体育机构是体育规范和体育制度的结合体。体育体制可分为直接管理、间接管理和共享管理三种类型。目前，大多数国家在努力实现综合管理（如公共管理和企业管理）。

体育制度文化的特性主要包括三点，分别是时代性、俗成性、连续性。

体育制度文化的时代性尤其体现在国家机构和社会制度对体育的限制性影响上。制度性体育文化是一种占主导地位的阶级文化，以阶级成员资格为基础。

体育制度文化的俗成性意味着内容并非由政府直接决定，而往往是运动员的无意识行为或在运动过程中产生的看法。

体育文化的连续性意味着有价值的内容会随着时间的推移而不断发展，而价值较低的内容往往会因为跟不上时代的步伐而被抛弃。

3.体育精神文化

体育精神文化,又称"体育意识文化",是指以精神元素为特征的体育文化。体育精神文化涵盖了体育文化之外的广泛内容,如文学、艺术、社会心理学、道德观念、宗教信仰和审美价值等。

在众多的体育文化价值中,竞技体育的文化价值是最重要的。它主要表现在两个方面:一是人性的基本价值,如竞争观念、民主的重要性、主体性精神等;二是体育精神,即提倡拼搏、进取、团结、公平竞争,这是体育文化的基础。

第四节 体育文化的功能与价值

一、体育文化的功能

从根源上来讲,文化产生的初衷即服务于人,因此,包括体育文化在内的所有文化都必须以适当的活动为社会服务。体育文化有着悠久而深远的发展历史,这是良好实践的必要条件。具体而言,体育文化具有以下功能。

(一)实用功能

体育文化主要体现在体育设施和规则、体育实践和竞赛、体育休闲活动等方面。

每项体育运动都有反映运动特点的规则,参加体育运动的人必须遵守公认的道德标准。通过遵守体育制度和道德规范,人们逐步实现社会进步。在这一过程中,体育文化首先有助于个人的教育和发展、良好价值观的形成,以及体育和生活技能的掌握。紧张的体育训练和艰苦的体育比赛,有助于培养现代人才必须具备的毅力、决心、团结、合作和公平竞争的精神,同时增强责任感和使命感,使人们在激烈的竞争中不气馁,而是不断超越自我,努力实现更高、更远的目标。他们会为更高、更远的目标而奋斗。随着经济的发展和人民生活水平的提高,生活方式发生了根本性的变化,人们对生活的追求不再局限于物质层面,而是进入了精神层面。因此,体育休闲是文化生活的重要组成部分,它丰富了人们的业余生活,为全面发展做出了不可或缺的贡献。

除上述活动外,体育文化还随着社会的快速发展不断获得新的实用功能。比如,体育文化的经济功能通过促进体育事业的发展,为社会提供更多的就业岗位,有效缓解社会就业问题带来的负面影响,为社会带来更多的物质利益。又如,体育文化是社会和人类文化的有机组成部分，体育文化的发展水平不仅反映了社会经济和政治的发展水平，还体现了民族自尊心，有助于社会发展。

（二）社会功能

对体育文化的社会功能进行细分，我们可将其进一步划分为凝聚功能、辐射功能。具体如下所述。

1. 凝聚功能

体育文化是以体育为手段向全社会反映和传播文化的一种文化形式，具有无形的传播力和凝聚力。在体育文化的影响下，不同年龄、不同身份、不同性格的人都能找到相似或共同的历史使命、社会责任、道德观念甚至行为习惯。由于大多数体育项目是集体项目，在教练和队友的带领下促进训练过程，参与者的集体意识相对较强，容易构建团结、和谐的局面。体育文化的能量可以启发人们积极思考，促进人的全面发展，凝聚人心，打造大和谐世界。在多元文化的发展过程中，体育文化往往能比其他类型的文化表现出更强的凝聚力和生命力。

2. 辐射功能

体育文化的辐射功能主要体现在以下几个方面：首先，体育文化活动能够将体育文化的精神内涵传播至整个社会，继而吸引个体或社会群体进入体育文化环境中，并从事相关活动。其次，理解和接受体育文化的人自觉或不自觉地通过自己的言行在社会上传播良好的体育文化，使体育文化和体育精神成为更多人的思想准则和行为规范。最后，体育文化的传播对于体育社会的发展和民族体育文化的弘扬尤为重要。

（三）教育功能

体育文化通过其特定的内容和形式，可以在营造良好的文化氛围、调适人们的心理、调整人们的心态等方面发挥重要作用，让人们从悲观消极的心态转变为积极乐观进取的心态，从低级习惯的生活方式转变为科学健康的生活方式。总之，体育文化可以从思想上引导人们进行思想教育，促使人们遵循科学的生活方式，养成良好的生活习惯。

体育文化的教育功能通常是通过有计划、有组织的体育教育、体育训练、体育比赛和各种体育文化活动来实现的。通过这些渠道传播的主要内容是与体育有关的知识、技能和理念。

一般来说，体育文化不是直接传授的，而是通过固定的规则和习惯，让人们在不知不觉中接触体育文化，优化自己的行为，并在体育文化的引导下，最终接受体育文化的运动本质，让体育文化渗透到人们的思维和意识中。例如，在足球比赛中，球员们看似只想通过身体动作赢得比赛，但实际上，他们不仅培养了对自己和队友的信心，还培养了有助于建立集体荣誉感、保持良好进取心、提高学习和进步水平的价值观，从而帮助他们取得成功。

体育文化所蕴含的坚忍不拔、勤奋好学的精神，公平竞争的理念，以及优胜劣汰的原则，主要是为了实现个人与社会的平衡和和谐，塑造人们的思想和价值观。因此，体育文化要求人们按照科学的教学方法和身心发展规律参加体育活动，提高体育活动水平，促进身心全面发展，丰富文化环境，最终形成终身体育的理念。随着人们对体育文化需求的增加，体育的教育作用也变得越来越重要。

（四）情感功能

体育文化的情感功能，主要体现在娱乐功能、陶冶功能、审美功能等方面。下面将对此进行简要分析。

1. 娱乐功能

体育用于娱乐和放松，是现代社会提高生活质量的常见方式之一。体育活动内容丰富，形式多样，无论是竞技性、娱乐性还是游戏性的，都包含着浓厚的趣味性。根据人们参与体育活动的方式，体育娱乐活动可分为两种类型：戏剧娱乐和体育娱乐。戏剧娱乐包括观看演出和体育比赛，体育娱乐则包括参与体育活动。换句话说，在戏剧娱乐活动中，人们是"观众"；而在体育娱乐活动中，人们是"参与者"。积极的体育活动，有助于人们过上健康、积极的生活，更加享受生活。

2. 陶冶功能

体育文化发展面临的挑战主要涉及体育文化如何营造积极的氛围，及其对人们的影响。由于体育文化是人类社会的一种独特现象，它既有物质方面的内容，也有社会文化方面的内容，人们可以通过参与体育活动懂得许多道理，如强健的体魄是人生最重要的价值，体育在人的全面发展中起着不可或缺的作用等。总之，良好的体育文化是一种优秀的文化。总之，良好的体育文化能够让人们意识到体育与生活同义，唤醒人们参与体育活动的意识，激发人们的主动性。

3. 审美功能

无论是中国传统体育文化中的"和谐"与"中庸"，还是现代体育文化中的"更高、更快、更强"，都体现了人类对美的追求。体育运动丰富的审美感受体现在动作和形式的和谐上。人们在观看体育比赛时，主要关注的是运动员肢体的和谐、灵活和敏捷，以及速度和力量所形成的动作美。随着体育运动的发展，体育文化也在不断丰富。良好的体育文化不仅能引导人们树立科学的审美意识，还能积极影响人们对美的更高追求，鼓励人们通过美感来完善自己的身体，净化自己的心灵。

（五）传承功能

体育文化的传承是指体育文化在漫长的岁月中代代相传。在各类体育文化中，最能体现传承功能的是各民族传统体育文化。虽然民族传统体育文化本身具有继承性的特点，并从祖先那里继承了民族传统体育文化的大部分内容，但它是在与其他民族体育文化相遇、融合的过程中实现自我的。最终，民族传统体育文化在其演变过程中始终遵循着稳定的、合乎规律的发展路线，并能保持其自身的特点。

传承民族传统体育文化有两种形式。首先，有些民族体育节目在历史上一直存在，其内容和形式没有发生重大变化。其次，有些民族体育节目随着时间的推移发生重大变化，但其内容和形式并没有改变。

二、体育文化的价值

（一）体育文化的价值取向

体育文化的价值取向指的是在体育运动中，人类所共有的兴趣、偏好和倾向性。其具体表现在以下三个方面。

1.明确人的主体地位，促进人的全面发展

体育文化十分重视个人在体育活动中的主体作用。这是因为，个人不仅是体育运动的发明者和体育规则的制定者，也是体育运动的实践者和体育运动发展的重要因素。在体育文化中，肌肉力量、速度和耐力等身体因素，动作优美性和执行复杂性等功能因素，以及情感、情绪和意志等个性因素，都与个人有关。体育文化的真正价值在于其对人类各方面发展的贡献，以及对全球发展的贡献。

2.追求真善美与自由的统一

体育文化的真善美，具体表现在三个方面，即知识价值的真、道德价值的善、审美价值的美。

这三个方面体现了体育文化的"真""善""美"："真"的精神价值，"善"的道德价值，"美"的审美价值。

"真"与"假"相对，"真"反映了人与世界的认知关系。真实是人类认知和认识世界的基础，也是体育运动的前提。只有人们真正了解自己，了解体育运动的规律，体育运动才能真正发挥作用。

"善"与"恶"的对比反映了人与世界的价值关系。体育彰显健康、活力、团结、勇敢等个人价值，弘扬正义、竞争、合作、和平发展等社会价值，促进人类共同进步。换言之，体育是永恒的善。

"美"与"丑"的对比反映了我们与世界的情感关系。从浅层次看，体育可以展现运动之美、人体之美；从深层次看，体育可以展现智慧之美、力量之美、不断提升自我的过程、打破纪录的过程，以及体育活动的奇妙之处。

人类对真、善、美的追求，本质上是对自由的追求。真、善、美的本质是自由在各种境界中的体现。当人的真、善、美的品质达到一定程度时，真、善、美就会在统一和拓展的过程中变得自由。从这个意义上说，自由高于真善美，是真善美的"结晶"。

3.尊重并张扬生命力的乐观态度

尊重和珍惜生命是人类行为的基本价值观。生命在于运动，即人们在奔跑、跳跃和进行其他活动时由内而外散发出的活力，是一种美学价值。它能强烈地刺激人的心灵。在体育比赛中，无论是运动员还是观众，都会根据比赛结果或呐喊，或欢呼，或大笑，或哭泣，来展现自己的活力和热情。

随着时间的推移，体育运动反映了一种积极的生活态度，即立足过去，珍惜现在，展望未来。参与体育运动并不是为了最终的结果，而是为了个人的成长和自我完善，体现自己的价值，激发潜能，以及获得成就感和自豪感。[①]

（二）体育文化的价值选择

一般来说，价值观的选择作为一种社会现象，反映了个人的主观价值态度，能够影响主体在客观世界中的地位。在体育文化中，价值观的选择主要表现为对目标、手段和价值框架的选择。

1.价值目标的选择

价值目标是一种概念形态的东西，其本质在于主体的需求，客体的属性在于主体的想象，这样才能构建出一个理想的模型，或者说让价值客体反映主体的需求和现实。这多少有些无奈，确定正确的价值客体是做出正确价值决策的前提。不同文化中的价值客体主要由其来源、优先顺序、主体地位和文化的主要特征决定。

2.价值手段的选择

原则上，只有在价值目标确定之后，才能选择最佳的价值创造工具，因为"手段"是用来实现"目标"的。此外，价值创造工具对目标价值的影响有限，也就是说，如果没有价值创造工具，就很难实现目标。人们创造和选择的价值创造工具，是价值客体和价值目标之间的"中介"。

---

① 周冰.多元视域下的体育文化发展研究[M].长春：吉林大学出版社,2022.

3. 价值环境的选择

制定真正有效的价值目标和选择有价值的资产取决于人们设计的科学价值包络。人与环境之间是相互影响的。一方面，人可以改变环境；另一方面，环境也影响和制约着人的行为。体育文化作为一种社会文化现象，总是存在于社会环境之中。选择体育文化的承载环境，实际上就是在社会环境之间进行选择。

第二章　新时期传统体育文化的传承与发展

传统体育文化是中华文化的重要组成部分，是中华民族智慧的结晶。传统体育文化的产生和发展是历史发展的必然结果，深受中国传统文化的影响。这说明中华传统文化博大精深，传统体育具有强大的生命力，对中华民族和中华文化具有重要作用。

第一节　传统体育文化综述

一、传统体育文化的形成

民族传统文化的发展需要特定的环境，当前社会的政治经济结构与民族传统文化的发展密切相关。民族传统文化以中华民族传统文化为基础，具有相对稳定的形式、意义和价值。传统体育文化的发展是需求的结果，需求是传统体育文化发展的源泉和动力。正如人们对传统体育文化起源的看法不同一样，学者们对传统体育文化起源的看法也不尽相同。总的来说，关于传统体育文化起源的观点主要有以下几种。

（一）传统体育文化起源于劳动

史前人类最重要的社会活动是使用生产工具进行劳动。各种考古发现表明，生产工具的使用是运动文化发展的一个重要因素。例如，在西安定军、徐家角和半坡湾发现了几块类似"飞石索"（中国纳西族用来投掷系在石头上的绳索的一种狩猎工具，纳西族用投掷石头的方式狩猎）的巨石。由于游戏通常是扔一两次球，石球就从生产工具变成了游戏工具，从而开始了这项运动。

工人阶级理论是以马克思主义为基础的。人类社会的发展、生产工具的发展、思想的发展和语言的发展，都是体育发展的前提。正是劳动使人类区别于动物界，正是劳动使自然界的变化和人体生理机能的改善成为可能。从这个意义上说，是劳动创造了人类和人类社会，因此，劳动是体育的起源。需求是个人和社会的客观需要，反映在人的意识中，是个人和集体行动的主要动力。为了生存，人们必须劳动。因此，劳动是人类生存的基本要素。一切社会现象都是在社会和人类需求的基础上产生、存在和发展的。因此，传统运动文化的出现是行动倾向、产生行动刺激源的情境，以及行动作为实现目标和满足需求的方式和手段的结果。如果我们从需求理论的角度来思考传统运动文化产生的原因，那么很显然，作为运动文化的一部分，生产和生活条件在古代自然民族的身体活动中发挥了重要作用。由于当时的劳动生产率很低，掌握一定的生活技能成为人类生存和发展的需要。掌握快跑、跳高、跳远等人类生存的基本技能，以及登山、水下游泳等实用生活技能，成为人们学习的源泉和体育发展的起点。狩猎是人们这一时期获取食物的主要手段，狩猎工具的发展——从石头到弓箭——显示了技能的重要演变。劳动工具的发展极大地改善了人们的生活。所有这些为满足生产和生活需要而发展起来的体育活动都是中国传统体育文化发展的第一步。有些活动，如舞蹈和娱乐，与生产无关，但比一般生活技能更为重要。

传统体育文化是一种人类自觉的社会活动，它的产生与生产方式的发展、思想的发展和语言的创造有关，而劳动是这一切的源泉，当然也是传统体育文化的源泉。

（二）传统体育文化起源于娱乐

生理需求是人类受生理规律调节的第一种需求，饥饿、食欲和睡眠是人的本能需求。但人是具有生理和社会特征的动物。一旦基本生存需要得到满足，人就会产生心理需要。例如，丰收时，整个部落聚集在一起跳舞。对当时的人们来说，这些活动有一些好处，因为它们满足了一种心理需求：娱乐的欲望。随着人类知识的发展，这些体育活动逐渐脱离了本能活动，开始形成初级形式的体育运动。

（三）传统体育文化起源于原始宗教

传统体育文化的根源可以在原始宗教中找到。在人类生产和认识能力低下的原始社会，一些自然现象是人们不可理解的。人们对神秘自然的敬畏和恐惧感，以及神灵主宰万物的观念，产生了图腾崇拜和自然崇拜等宗教思想。为了表达对神的敬意，寻求神的保护，原始人举行各种自然活动仪式，以影响自然力量，保护人类不受神的侵扰。随着人类体力活动的发展，舞蹈、比武和摔跤等体力活动逐渐被纳入祭祀仪式，以娱乐神灵，表达对神灵的崇拜。这些体育活动是中国传统体育文化的基础。中国传统体育文化本质上是一系列年度活动，其起源与人们过去对神的祭祀有一定联系。

(四)传统体育文化起源于部落战争

有人认为传统体育文化的根源在于种族战争。在原始社会,尤其是父系部落社会末期,许多关系密切的部落结成联盟,称为部落联盟。最有名的部落联盟是皇帝和皇后的部落联盟,以及武、周、齐等较小的部落联盟。各部落之间互相征战,互相对抗。为了赢得战争,每个部落都训练自己的战士,磨炼他们的战斗技能。据古籍记载,部落通过各种训练方法来提高人们的体力和武器运用技能,从而使武器和格斗技术得到迅速发展。从某种意义上说,部落战争成为体育文化发展的推动力。部落战士教人们如何使用武器和发展格斗技巧,这促进了军事和体力的发展,也促进了传统体育文化的产生和演进。

二、传统体育文化的发展

对于原始民族来说,社会活动的主要形式是生产劳动,因此传统体育文化最初是非常简单和原始的,与生产劳动相关联,往往是走、跑、跳、投等简单的活动形式。随着人类社会的发展,体育文化变得更加丰富和发达,与其他社会活动紧密相连,并被赋予了一定的质和量。

(一)人类的基本生产与生活推动了传统体育文化的进步

在原始社会,劳动生产率低下,自然环境恶劣,人们面临着野生动物和疾病的威胁,生存和繁衍依赖于采集、狩猎和捕鱼等活动。在与大自然的长期斗争中,人类的经验不断丰富和充实。原始教育的一个特点是参加各种体育活动,即原始运动。当这种体育教育从生产劳动中分离出来时,它就形成了非常丰富多彩的体育运动。人类对生产和生存的需求加速了生产和劳动的演变,并稳步推动了传统体育文化的发展。例如,在内蒙古,牛是一种独特的狩猎工具,后来逐渐演变成一种体育运动。最初,牛是用来捕猎鸟类、飞禽和其他动物的,人们用它来固定和杀死猎物,以保护其珍贵的皮毛。后来,猎人们把这种古老的消遣变成了一种运动,他们经常练习枪法,并在比赛中学习射击。另一个例子是"过溜索",与生活在怒江沿岸的怒族人密切相关。由于怒江两岸都是高山和悬崖峭壁,怒江的水域变化多端,这些恶劣的条件使得在江中划桨、生存、攀爬、游泳和搁浅都非常困难。为了生存,攀爬、游泳和湿滑的绳索横渡成了人们必须掌握的活动。如今,绳索横渡已是怒族人的家常便饭。但对于外国人来说,这却是一项非常刺激和紧张的活动。随着社会的进步和环境的变化,人们的生活水平得到了提高,道路和桥梁的发展也为他们的出行提供了便利,因此过绳的原始功能逐渐衰退,成为流行的一种运动。

(二)宗教文化的多元化丰富了传统体育文化的内容

宗教文化对传统体育的发展起着重要作用。虽然关于传统体育文化的起源众说纷纭，有人认为起源于宗教，但不可否认的是，宗教文化对传统体育文化的发展起到了推动作用。图腾文化自古就有，始于旧石器时代中期，延续到旧石器时代晚期，在新石器时代逐渐发展起来。图腾崇拜本质上是一种适应狩猎采集民族生活方式的宗教形式，最初并不是神灵，而是承认一个民族或部落的亲属或祖先。随着图腾逐渐被神化，它成为部落和族群的保护神或领地的守护神，万物有灵论的概念逐渐形成。自然崇拜与图腾崇拜类似，也是人类早期宗教的一种形式。不仅是动物和植物，所有的自然物和自然现象有许多人类所不知道的力量和作用，因此，它们逐渐被神化和拟人化，往往成为神和祭司，成为人类崇拜的对象。这就是自然崇拜。由于中国民族众多，几乎各民族都有自己的信仰，所以中国的宗教信仰情况也非常复杂。经过图腾崇拜、自然崇拜的阶段后，一些民族仍然保留着这些原始的宗教信仰。所以，宗教一般都有多种形式。宗教仪式强调运动，体育文化表达了敬神、娱神的愿望。

宗教文化的发展促进了中国传统体育文化的发展，在中国少数民族中也有许多宗教文化的例子。例如，中国西南地区的纳西族、白族、彝族、哈尼族等一些少数民族保留了相当丰富的祭天仪式。祭天时，男人骑牛犁半天地，通常累得筋疲力尽，他们却在跳舞。祭祀时的肢体动作强度和力量都非常惊人，从某种意义上说，这些肢体运动是传统体育文化的精髓。在这些节日里，白族男孩会举行祭神仪式和组织各种体育活动。白族人发展了象棋来祭祀星神，而传统的水车节和火把节最初也是为了娱神、献礼和求雨消灾而举行的。这些传统体育文化都与宗教文化密切相关。

(三)部落战争促进了传统体育文化的发展

在原始社会，攻击野生动物是一种自卫手段，也是社会行动的重要组成部分。攻击人类也意味着战争。随着社会的发展和部落的出现，部落发展出现了差异：强大的部落攻击其他部落的人口、财产和栖息地，以确保自己的生存和发展，并获得更多的权力；其他部落则抵御外来攻击，保护部落利益，实行自卫和自我保护。部落战争有输有赢，为了赢得战争，人们发展了各种武器和战斗技巧。当人们开始讨论体能和军事技能时，武术就出现了。为了在残酷的战争中生存下去，人们需要提升自己各方面的能力，这迫使战士们学习武术。

毫无疑问，许多传统体育项目，如骑术和射击，都源于军事训练。满族是骑手和枪支的拥有者，他们在辽西地区逐渐建立一个以农业为主的国家，但并没有放弃骑术和射击。由于认识到骑术和射击在战争中的重要作用，骑术和射击被确定为满族骑术和射击的重要方面，也成为非常重要的训练活动。随着世界变得更加和平，这些骑术和射击的技术与方法逐渐成为满族人首选的传统体育项目。大量历史文献表明，许多少数民族使用过弓，并制作过武具。几乎所有少数民族使用弓，如苗族、瑶族、拉祜族、纳西族、傈僳族和怒族。在中国面对外敌入侵时，弓也发挥了重要作用。甚至在20世纪初，英、法、德、美等侵略者窃取中国边疆少数民族的历史文物，入侵中国中缅边境领土时，弓也发挥了重要作用。在抗日战争中，傈僳族与佤族一样，用弓箭与侵略者作战。如今，弓作为作战武器已从历史上消失，但射箭已成为各族人民喜闻乐见的体育运动。

总之，战争促进了中国体育文化的快速发展，促进了兵器训练和武术的发展，丰富和发展了其他体育运动，提高了人们的身体素质。

三、传统体育文化的功能

（一）传统体育文化的个体化功能

1. 传统体育文化的健身功能

传统体育文化具有健身功能。对传统体育起源的研究表明，传统体育是在人类生产生活过程中逐渐发展起来的，在很大程度上与体育活动有关。强身健体是重要的功能之一，因为经常锻炼，能够逐渐增强人们的体质，提高健康水平。体育锻炼可以促进身体的生长发育，提高运动能力，增强和巩固中枢神经系统，调节人的意识，提高人们对环境的适应能力。一些传统体育项目对体力的要求很高，这些运动在增强体质方面非常受欢迎。经常参加这些运动有助于达到增强体质和强身健体的目的。

2. 传统体育文化的健心功能

人的健康不仅包括生理健康，还包括心理健康和其他方面的健康。传统体育不仅能强身健体，还能滋补身体，锻炼身体，促进身心全面发展，提高人们的精神生活和健康水平。传统体育既然是体育的一部分，其本质上就具有与身心健康相关的功能。传统体育除具有体育功能外，还具有娱乐功能。传统体育的积极发展有助于提高参与者的心理健康水平。现代体育的发展方向主要是通过愉快、健康的体育活动来改善人们的业余生活和健康状况，提高人们的生活质量，传统体育中的一些元素则是改善人们身体、心理和体质的有效途径。传统体育为民族体育的发展提供了多种形式和方法，具有无限的发展潜力。将传统体育融入民族体育，可以将其定义为民族文化价值的回归和体育文化的发展。因此，对身心健康有积极影响的传统体育可以改善人们的精神生活和健康状况，提高生活质量，为高水平的生活质量代言。同时，传统体育也是加强人际关系、增进情感、防止社会精神污染、预防和消除不良行为的重要手段。

3. 传统体育文化的愉悦生活功能

在社会生活中，人们常常感到需要表达内心的激情，而传统体育则是人们表达情感和生活的一种方式。通过传统体育运动，参与者可以切磋技艺、交流思想，实现不同的心理预期，丰富文化生活。传统体育运动可以让各民族人民展示自己的美和体能，调节心理感受，体验人类生活的美好。滇南汉族传统体育就很好地体现了这些功能。由于地区环境恶劣、生产方式难以获得丰收等外部因素，汉族人民通过祭祀活动来祈求神灵的保佑。每到丰收时节，人们都很兴奋和喜悦，因为他们知道丰收来之不易，传统体育运动则是汉族人民内心情感的表达。在这些被称为"车实扎"的活动中，祭司会确定丰收的日子，并向天神、地神和麦神献祭。佤族和傣族也通过传统体育运动来表达他们的情感。当他们建起新房时，他们会组织一个盛大的聚会，用舞蹈、唱歌和武术来分享他们的喜悦。

体育民俗是为了表达人们的欢乐热情而创作的，其特点之一是与不同民族的传统音乐、舞蹈、美术和绘画密切相关。传统体育往往伴随着音乐、舞蹈和精美手工艺品的制作。各种娱乐活动也常常与体育赛事联系在一起。景颇人每年都会举办"目脑纵歌"。在这个节日里，人们身着盛装，敲锣打鼓，载歌载舞。

传统体育运动有助于人们表达情感，增进生活的喜悦和满足感。纺纱、狩猎和其他活动是拉祜族扩塔节期间娱乐活动的一部分，各种体育活动是在这个欢乐节日里营造欢快气氛的重要手段。传统体育对于边境地区的少数民族来说具有更加重要的作用。不同民族的传统体育能够适应不同民族生活中人们对物质和精神需求的心理发展，逐渐成为人们在物质和社会封闭的环境中调节心理和情绪情感的重要娱乐形式，使人们的生活更加丰富和满足。

4. 传统体育文化的培育生活技能功能

不同民族的传统体育与原住民的生产和劳动有着千丝万缕的联系，许多传统体育包含生产和劳动的内容。传统体育可以为参与者提供生产和生活技能，可以说传统体育文化在生活学习中发挥着重要作用。例如，高跷、母鸡、铁轮和纺车是传统体育活动的重要元素。这些游戏让参与者制作自己的玩具，培养体力、脑力和耐力，以及某些生产和生活技能，使传统体育成为农村融合的手段和社会化的重要工具。传统体育改变了人们的主观世界，改变了烙印在人们头脑中的物质意义、意识形态观念和行为规范。例如，"摆手舞"在湘西永顺县泽家镇非常流行，其起源与藏族的生产和生活方式密切相关。在渔猎经济时代，藏族先民以渔猎动物为主，于是创造了模仿渔猎的"猎守舞"，在农业社会则创造了最简洁表现犁地、播种、除草、脱粒等农活的"生产舞"。这类舞蹈表现了人类的劳动过程，表达了人们谋生和获得劳动成果时的喜悦和欢庆，塑造了人们团结和变革的形象。最重要的是，它以生产和生活之中的肢体动作为基础，使生产技术和生活技术和谐统一。这些传统体育项目不仅为社会提供了独特的身体娱乐活动，也为人们的生活提供了不同的心理取向，并传达了人与社会之间的关系。

5. 传统体育文化的塑造性情风格功能

每个民族生活在不同的地域，都有自己的文化，民族特色是由自然环境和社会环境共同影响而形成的。民族传统文化的产生和发展必然受到各民族个性的影响，具有不同的民族特色。民族传统体育文化对气质的养成起着一定的作用，因为人们通过从事民族传统体育运动，了解不同民族的特点，养成本民族的气质。如上所述，中国的传统文化对传统体育的发展有着重要的影响。中华文化精神的特点是和合，这影响了传统体育的内在发展。传统体育的起源和发展都是以中华优秀传统文化为基础的。和谐融合的文化精神引领着中国传统体育的内在发展，其所要达到的目标是物质和精神的满足，以及特定体育文化的发展。强调人与人之间、人与自然之间、人与社会之间的和谐与融合，是中国文化和传统体育文化精神的基础，也是中国社会各阶层人民进行社会和心理教育的重要内容。它也是传统体育文化的精髓，对中国社会各阶层人们的社会心理教育具有重要作用。在这种传统的体育文化形态中，存在着强烈的性别差异。在许多领域，传统的男性体育带有狩猎、武士道和高尚品质的痕迹，具有旺盛的生命力和进取心。与过去相比，传统的、竞争激烈的体育运动也更加培养了男性的进取气质。女性活动的特点则是互动与合作。滑雪和划独木舟是女性比较喜欢的消遣方式。这些传统运动鼓励互动与合作，女性会不自觉地选择社会交往。一些传统运动也反映了农村人口的特点。例如，惠州（广东省）的麒麟舞，原名"麒麟武"，被认为是一种带有体能训练的武术。继麒麟舞之后，习武成为当地的一种社会风尚。

（二）传统体育文化的社会化功能

1. 传统体育文化的文化功能

在这个过程中，每个民族都形成了自己的文化，而这种文化必然会体现在每个民族的传统体育项目中。传统体育具有浓厚的传统习俗和地方特色，传统体育运动也具有代代相传的文化内涵，具有明显的文化传承功能。

各民族在许多方面不尽相同，他们的传统、习俗和生活方式是其重要特征。传统体育具有重要的文化意义，因为它体现了各民族的文化特征，保持了跨时代的文化，体现了历史时期的连续性和统一性，建立了社会的文化规范，建立了社会秩序，确保了人们的生存。舞天狮具有的传统功能就是一个很好的例子。舞天狮由明代创编，至今已传承18代。这一遗产是当地文化的一部分，作为村民之间的共同消遣和情感纽带得以传承。

这种永恒的遗产创造了当地文化的象征。由于传统体育项目是村民集体传承的，它们在人们的生活中不断重复，代代相传。它们的传承不是依靠政府或法律的力量，而是依靠人们心理信仰的约束力，以及遗传和世袭的力量。传统体育遗产在社会文化背景下得到理解和保护，让人们更好地理解自我和民族的起源。生活世界的多样性渗透到人们的日常生活中，也赋予生活强大的历史意义。

传统体育文化的传承是通过教育来实现的。体育是一种强有力的教育手段，对整个社会有着非常广泛而深刻的影响。在现实生活中，体育教育往往影响着人们的价值观、道德伦理观、审美观和行为方式。传统体育与教育密切相关，它既是教育的内容，也是教育的手段。在幼儿园，传统体育往往是在娱乐游戏、舞蹈和其他体育活动中进行的，具有教育功能。随着社会的发展，传统体育教育的内容逐渐丰富，教育的范围不断拓宽。目前，一些传统体育项目已融入学校体育，丰富和拓宽了教育内容，激发了学生的运动热情，培养了学生坚强的意志、团队精神、合作精神，以及奋力拼搏的勇气，继承了谦虚、善良等中华传统美德。传统体育也是培养民族认同感和民族精神的有效手段，让人们充分认识到教育在保护文化遗产方面具有价值。

传统体育文化不仅是一种文化遗产，也是一种文化形成因素。传统体育文化的形成功能意味着传统体育有可能塑造人们的生活精神取向和地区文化特质，并形成文化认同。例如，舞龙和龙舟文化的传播影响着一个地区传统体育的文化建构。与传统体育相关的活动成为当地社区的记忆，而当地文化身份的构建取决于社区如何选择和定位这些记忆。例如，舞龙舞狮功夫的习得强化了村庄的精神气质。在传统体育占主导地位的文化中，每个人都会感受到当地传统和舆论的压力，人们倾向于通过改变自己的行为来适应当地文化，这有助于文化建设。

2. 传统体育文化的经济功能

传统体育文化具有很高的经济价值，其积极发展有助于社会的经济发展。许多传统体育与社会的生产和生活方式密切相关，并以经济活动为基础。传统体育资源数量众多，具有地域性、主体性和分布广泛性的特点。人们利用传统体育资源，创造独具特色的地方经济，对促进民族地区的经济发展具有特殊的作用。四川理塘传统体育的发展就体现了传统体育文化的经济作用。四川理塘举办过国际赛马节，赛马活动丰富多彩，场面精彩纷呈。除了赛马外，在赛马节上，人们还展示民族服饰，表演了精心准备的歌舞。赛马节期间，人们还举行了各种民俗表演。理塘市政府利用这些传统体育设施举办大型旅游节活动，大大提高了理塘的知名度，为理塘营造了良好的旅游环境，促进了理塘经济的发展。

传统体育文化具有重要的经济功能。发展传统体育可以促进体育产业的发展，包括开发国内体育竞赛、体育表演、体操、娱乐和体育器材市场。举办传统体育比赛和组织现场活动，进行广告宣传和广播，扩大文化、教育、体育、体操和娱乐的消费空间，丰富民族传统文化内容，满足人们日益增长的健康消费需求，为民族体育服装和器材的生产提供资金来源，促进民族体育用品的生产和销售，都能产生一定的经济效益。此外，还可以根据地区特点发展民族体育与旅游的综合关系，将其作为体育旅游的客源地，让整个地区取得更好的经济效益和社会效益。因此，我们应重视传统体育文化，科学发展传统体育文化，发挥传统体育文化在促进经济发展中的重要作用。

3. 传统体育文化的社会功能

传统体育文化有助于增强民族认同感和凝聚力。认同感是一种感觉，它将一个群体中的人团结在一起，使他们感到自己比其他人更接近这个群体。认同感是在相同的文化背景下形成的，具有相同的观念和道德价值观。随着民族的发展，随着时代和社会的变迁，以及民族的交汇，民族原有的共同基础、亲缘关系和文化可能会发生变化，人们对民族存在和发展的态度形成了民族认同感。一些传统民间体育在界定群体和民族，以及在群体内部建立归属感方面发挥着重要作用。龙舟竞渡是一年一度端午节的传统体育项目，起源于龙图腾崇拜，后来被纳入庆祝活动，形成了人们强烈的认同感、民族自豪感和自信心，以及向心力、凝聚力，促进了民族团结。其他体育运动包括舞龙、舞狮、赛马和摔跤，大多数是团队运动，能增强人们的集体荣誉感。参加这些传统团队运动，可以培养人们的团结合作精神，增强归属感。

传统体育文化体现了一个民族气质的重要性。传统体育文化的内涵非常丰富，它是民族生活的社会层面，是人体审美心理的表现，是民族心理和情感的一种本能再现。按照严格规则进行的传统体育运动，不仅展现了人体的完美之美，也体现了民族气质的重要性。

四、传统体育与中国传统文化

中国传统体育是中华民族传统体育的一部分，由中华民族创造和传承。作为一种世界性的文化现象，它传递着中华民族的道德价值、民族特性和审美情趣，是民族文化的重要组成部分。传统体育形式及其纯粹、自然的内容，是中华民族文化和精神的体现。各国传统体育与现代体育共同构成了我们这个时代丰富多彩的体育文化。传统体育是连接传统体育文化与现代世界的桥梁。

（一）中华民族与传统体育

1. 中华民族的概念

中国是一个多民族国家，有 56 个民族。在中国近代史上，"中华民族"一词逐渐成为许多民族的统称，包括生活在中国的所有民族。中国是人类的摇篮之一。中国是一个历史文化非常悠久的国家。远古时代，中华民族的祖先就在东亚这片广袤的土地上劳动、生活、繁衍。新石器时代晚期，黄河中游平原及下游地区形成了集体部落组织，部落和氏族的经济文化发展不平衡。起初，炎帝部落与黄帝部落合并为炎黄部落，形成以炎黄部落为核心的华夏国。随着相邻各族的融合，华夏族在黄河和长江中下游沿岸的东亚平原扩散开来，华夏国被其他民族称为汉族。汉族通过吸收其他民族的成分并渗透到其他民族聚居的地区，创造了一个和睦相处、相互依存的社会，为其领土上许多民族的不可分割和融合奠定了基础，使其成为一个独立的国家实体和具有自我意识的中华民族。

目前，中国的56个民族中，汉族人口占总人口的90%以上。其他55个民族由于人数较少，通常被称为"少数民族"。换句话说，中国是一个整体，但民族单位却很多。汉族和各少数民族都是中国古代文化的一部分。虽然各民族的物质文化和精神文化不同，但它们所代表的中华文化的基本内涵是一致的。中国56个民族用勤劳、勇敢和智慧创造了优秀文化，以自己的方式丰富着中华民族的文化宝库。各少数民族生动多彩的文化在世界文化史上占有重要地位。

2. 中华民族格局与传统体育

通过不断融合，中国创造了一种独特的方式，对传统体育产生了重大影响。

首先，汉族是中华民族的主体，是中国多元一体格局的基础。汉族的出现是中国国家建立的重要一步，因为在多样性中的统一创造了一个基于"多样性中的统一"公式的统一核心。汉族的发展不仅得益于人口的自然增长，还得益于非汉族人口向农业地区的迁移。随着其他民族的出现，儒家思想和中国传统美德对其他民族的大众文化产生了一定的影响。在许多民族全方位融合发展的同时，汉族文化也在全方位发展。在一些传统体育项目中，汉族传统体育文化的影响一直存在于少数民族体育的内容、组织和规则中。

其次，中国的民族分布具有独特性，形成了中国传统体育的格局。从民族分布来看，汉族多居住在农业区，适宜农业生产的平原地区大多是汉族聚居区。与汉族相比，少数民族地区多为山地、丘陵和草原。由于地理条件不同，少数民族经济不发达，尤其是畜牧业与汉族不同。根据地理条件和经济性质的不同，他们的传统体育文化各具特色。汉族的传统体育文化具有重文轻武、重和轻竞的传统思想，少数民族则重视对抗，喜欢赛马等竞技体育。

3. 民族融合促进了传统体育的交融

中国是一个多民族的国家，民族融合性强，这在中国传统体育文化中有所体现，也促进了传统体育的融合。不同民族共存，民族之间的共生与互动必然促进民族文化的融合。中国不同地区民族的大规模共存与融合，为民族间传统体育的交流和融合创造了非常有利的平台。民族间的交流在中国非常普遍,融合自然促进了不同民族间传统体育的交融,使原本一个民族在极小范围内开展的传统体育项目可以在多个民族间传播和开展。

(二)崇拜文化与传统体育

1. 原始崇拜与传统体育

中国的原始崇拜包括自然崇拜、动物崇拜和祖先崇拜,以自然崇拜和祖先崇拜最为普遍。中国的许多传统体育项目有崇拜文化的痕迹。

西南地区,传统体育的缺点是不亲近自然。土车祭祀就是一个很好的例子。土家族地区处于中国西南,自然条件恶劣,劳动生产率低下。人们把自己无法控制或解释的自然灾害和疾病与超自然的神秘力量联系在一起,从而形成了崇拜万物和自然神灵的信仰。在自然灾害或特定节日期间,人们会进行特定的体育运动和舞蹈,供应美味佳肴和美酒,并祭祀土地神,以祈求他们的保佑。每年的农历八月十五日是苗族的祭祀日,人们在这一天祭祀山神、天神和神灵,供奉美酒佳肴,焚香祭拜,举行村寨竞赛和跳芦笙舞。这些日子被认为崇拜文化与传统体育的交汇日。

龙舟是一项与崇拜文化密切相关的民族传统运动。龙是中国人崇尚的图腾,是祖先和族人的象征。过去,沿海村民用龙图腾装饰船头,祈求上天保佑风调雨顺、衣食无忧、辟邪避灾。云南人的民族精神象征是孔雀,他们经常跳孔雀舞来表达自己的理想和愿望。

2. 宗教祭祀中的传统体育文化

仪式是宗教文化的重要组成部分。各族人民都要祭祀自己的神灵,举行各种仪式、朝圣和庙会活动,由此产生了各种各样的原始运动。"巡山"是普马斯人在每年正月初一组织的一项体育活动,它将这些仪式与娱乐活动结合在一起,以祈求山神和水神的保佑。体育活动包括射箭、步枪射击、赛马、摔跤和跑步。云南彝族每年都要举行祭祀天地神灵和祖先的仪式。作为祭祀仪式的一部分,他们会表演舞剑、摔跤和跳高,这是献给神灵的体育节目的一部分。在一些仪式中,每个民族都有自己的体育活动,这些活动都具有文化敏感性。

(三)经济文化与传统体育

我国幅员辽阔,居住着 56 个民族。由于地理和自然条件不同,每个民族都形成了自己的经济文化,主要分为三大类:农业经济、畜牧业经济和采集狩猎经济型。经济文化是体育文化的基础,经济文化的不同方面造就了各民族传统体育的多样性。

1. 农业经济文化对传统体育的影响

农业区主要是指黄河、长江、珠江中南部平原,以及黄河中下游沿岸地区。这些地区气候温和，土壤肥沃，适宜农业生产。发展农业经济文化的民族有汉族和部分南方少数民族，如台湾的高山族，云南的佤族，海南的黎族，以及贵州和广西壮族自治区的苗族、瑶族、苗族和毛南族等。汉族主要聚居在黄河、长江、珠江中下游和东北松辽平原。长期的农业经济对汉族的传统体育产生了很大的影响。据《中国民族体育》统计，汉族中流传的体育项目很多都与农业经济文化有关。回族等民族由于地理环境、自然演变、民族发展、历史变迁，其传统体育也受到农业文化的影响。

2. 畜牧经济文化对传统体育的影响

畜牧经济文化主要是在某些牧区发展起来的，如中国北部和西部，那里提供了适合牧业发展的自然条件。以畜牧为生产方式的民族主要有蒙古族、哈萨克族和维吾尔族。他们所处的自然环境和生活方式形成了许多反映其牧业文化特点的节目，如赛马、叼羊和姑娘追等。

蒙古族是畜牧业较发达的民族。由于其独特的地理环境和以游牧为主的生产方式，他们发展了许多传统的民族体育项目，其中最重要的是摔跤、赛马和射箭。这三项运动衡量的不仅是力量、速度和敏捷，还有智慧、勇气和精神，反映了蒙古族人民坚强不屈的民族性格。

3. 采集狩猎经济文化对传统体育的影响

一些少数民族生活在环境条件恶劣的地区，必须与大自然和野生动物抗争才能生存。因此，狩猎是他们的生计和生活来源，并形成了以采集和狩猎为基础的经济文化。中国南部和西南部的少数民族，如佤族、德昂族、布朗族和独龙族，开展的体育运动包括跑、跳、投、攀、射击和骑马；藏族和彝族的射箭，以及赛马等，在很大程度上反映了狩猎所需的技能和技巧。传统体育是在物质生产过程中继承和发展起来的。作为一个民族物质文化的基础，它反映了这个民族的经济和文化环境。在狩猎采集经济文化中发展起来的传统体育，自然反映了狩猎采集者的经济文化。例如，蒙古族的骑马和射箭，苗族的射箭，土家族的飞杆和攀藤，景颇族的弹弓投掷等，都象征着少数民族的物质文化至今依然存在，同时也体现着狩猎和采集运动的内容与形式。捕鱼也是狩猎和采集的一种形式。对于鄂温克族、鄂伦春族来说，捕鱼是一项重要的经济活动，并由此产生了狩猎等传统运动。

（四）民俗文化与传统体育

民俗是社会群体共享并代代相传的一系列活动，是人类文化的重要组成部分，也是不断发展的文化遗产。当然，传统体育与民俗密切相关。民俗文化影响着传统体育的产生和发展，传统体育也反映着民俗文化。

第二章　新时期传统体育文化的传承与发展

1. 日常生产生活习俗与传统体育活动

日常生产和生活习俗是民俗文化的重要组成部分，对传统体育的产生、发展和传播起着重要作用。如彝族绳舞、黎族春海舞、赛马等，都说明日常生活对传统体育有着重要的影响。根据传统体育的特点，我们可以说传统体育的主要根源在于生产和劳动，即生产和日常生活是影响传统体育的主要因素。保龄球、割草等传统体育项目的产生和发展，都受到赫哲族日常生产和生活习惯的影响。早期的赫哲族为了激发孩子们的狩猎兴趣，培养他们运用猎枪的技能，将球抛入草丛中向前滚动，并用投枪的方式做成猎枪用的草球，成为生产生活中的一种习俗，后来发展成为"抛球"这一传统体育项目。

传统体育活动往往与人们的生产和日常生活密切相关。舞蹈是较常见的活动，因为它与人们的日常生活联系最为紧密。云南怒族人能歌善舞，当有人来访时，他们会用舞蹈来表达自己的情感。他们用欢快的"双人舞"欢迎客人，用"送客舞"拜别客人。怒族舞蹈的特点是节奏欢快，大多反映怒族的生产传统和生活方式，反映了怒族的传统文化。这些舞蹈体现着怒族古老的传统农村风貌和生活方式，是中国传统体育、生产和生活传统融合的精彩展示。

2. 中国婚俗文化与传统体育活动

婚俗文化是民俗文化的一个重要组成部分，许多传统体育项目与人类历史上的婚姻传统密切相关。历史证据表明，一些婚姻传统，如尊重生育能力、婚内自由交流和选择配偶等，对许多民族体育活动形式和内容的产生发挥了重要的作用。了解传统体育与婚姻文化之间的密切关系，对大众体育和传统体育的研究有着深远的影响。

（1）体育活动对男女婚恋的作用

婚姻是男女双方表达感情的交流过程，但它也需要一个中介来使这种关系成为现实。体育在男女婚姻中就扮演着这样的中介角色。不同的民族经常组织传统的体育活动，这些活动与体育比赛相吻合。这些体育赛事为男女提供了相识与相知的机会。例如，布依族的"抛花包"和壮族的"抛绣球"，可以让年轻人自由地表达爱意。传统体育活动也吸引了大量的参加者，增加了社区成员相互接触的可能性，从而增加了选择幸福伴侣的可能性，婚姻的成功率也比平常更高。

（2）婚庆习俗与传统体育

婚姻对于各民族来说都是一件大事，意义重大，通常会举行重要的仪式。由于各民族的特点和习俗不同，其婚俗也不尽相同。在中国，许多民族会在婚礼仪式上进行传统的娱乐运动，以表达喜悦和幸福。一些传统的民间体育运动和婚俗也有相似之处，比如苗族的"抢牛尾巴"和塔吉克族的"叼羊"。在塔吉克婚礼的第二天，新郎会和朋友及亲戚一起去新娘家参加抢羊比赛，双方争抢一只被砍掉头和蹄的两岁大的羊。一个手持新娘手杖的女孩出现，代替了绵羊和牛尾巴。这些行为增添了婚礼的欢乐气氛，是中国婚礼传统的一部分。

3. 节日与中国传统体育

节庆与传统体育是在漫长的历史发展过程中形成的文化现象，二者在互动与融合中紧密联系在一起。节日是传统体育文化的重要组成部分。中国的节日种类繁多，为传统体育提供了机会和场所，传统体育从年节中演变而来，并与中国的节日文化交织在一起，受到中国节日文化的影响。

（1）传统体育在节日中传承、发展

节日是民俗的重要组成部分：每个民族都有自己的节日，这些节日反映了本民族的历史和文化，并有助于凝聚各民族共同的经验、精神、价值观和审美偏好。尤其值得注意的是，节日在体育民俗中起到了传承和弘扬传统体育的作用。节日传统是传统体育的根基，节日是传统体育传承和发展的基础。节日和传统体育反映了各民族悠久而丰富的历史和文化，应鼓励保护和发展。

（2）传统体育与节日文化的交融

传统体育与节日文化紧密相连，一些传统体育项目是节日文化的重要组成部分。许多民间传统体育活动与各民族的传统节日密切相关。虽然各民族节日的时间、意义和内容各不相同，但作为节日重要组成部分的传统体育项目却有着一致之处。

中国节日文化对传统体育的影响非常大。由于中国节日受生产、劳动、军事等因素的影响，节日的日期、地点、内容等经常发生变化，有的还曾被取消。这些变化对传统体育的许多方面产生了影响，如比赛的组织、内容、规则和推广方法等。同样重要的是节日文化对传统体育娱乐发展的影响。节日的主题是欢乐和喜庆，人们在节日期间更注重娱乐而非体育竞技，这必然会促进传统体育朝娱乐化的方向发展，节日活动的组织主要带有浓厚的娱乐元素，如赛龙舟、舞龙、舞狮等。传统体育重娱乐轻竞技的特点，无疑是受到了节日文化的影响。

4. 其他民俗中的传统体育

在花会、庙会、祭祀等民俗活动中，人们也会进行各种传统体育活动。花市和庙会历史悠久，在中国是非常重要和受欢迎的。花市包括跳花棍、飞毛腿、唱社戏和舞狮，庙会则展示各种文化活动和民间艺术，包括各种曲艺和杂技。人们不仅盛装参加花市，还敲锣打鼓、载歌载舞，进行各项运动。

（五）文化艺术与传统体育

传统文化，特别是在生活方式、道德观念、行为准则、文化规范和民族心理结构等方面，塑造了各民族的文化规范，形成了各民族特有的风格，从而影响着传统体育。中国传统文化与传统体育的关系也影响着文化艺术与传统体育的关系。

保持人与自然、人与人之间和谐统一的关系，是中国文化艺术的一个重要特点。中国文化艺术非常重视自然、和谐、内在发展和愉悦，这一点在舞龙、舞狮、摔跤等中国传统体育项目中都有所体现。这些传统体育项目的特点是，通过体育活动锻炼心智、发展精神、陶冶性情，实现身体发展与道德发展和谐统一，形成理想的人格。中国传统体育旨在通过自律发展内在精神，注重气、命、性、神的培养。传统体育起源于特定的历史时期，根据国家的审美情趣和娱乐需求不断演变，真实而全面地反映了民族精神。

在民族文化的影响下，传统体育项目在文化上不断发展，内容持续丰富，范围继续拓宽，形式也在不断充实和完善。所有传统文化艺术，无论是动态的歌舞，还是静态的视觉艺术，都有某种强烈而独特的诉求和情感。文化艺术以崇高、庄严的方式表达文化理念，将其转化为影响人类精神的内在力量。传统体育与文化艺术息息相关，相互影响。舞蹈是文化艺术的一种形式，但从不同民族的舞蹈中可以看出，舞蹈与体育密不可分。舞蹈不仅是一种表演艺术，也是一种锻炼身体、增强体质的运动。被称为"百艺"的民间传统戏剧、藏戏、百戏、布依戏、东方戏剧、苗戏等文化艺术和杂技等表演艺术，对传统体育产生了很大的影响，丰富了民间传统体育的内容。此外，文化艺术不仅在传统体育的传承和阐释方面发挥着重要作用，而且在传统体育的组织和变革方面也发挥着重要作用。

第二节　传统体育文化的传承与资源开发

传统体育是中国传统文化传承的重要组成部分，发展传统体育是中华民族传统文化传承的有效途径，有利于建设社会主义文化和全民健康体系。要传承和发展传统体育文化，我们就必须积极学习和积累传统体育知识，提高理论研究水平和创新能力，改革传统体育活动形式，完善传统体育活动组织。

一、传统体育文化的传承

（一）传统体育传承式微

近年来，各种传统体育项目遍布城乡，带来了经济效益和人们的幸福感。事实上，由于现代社会和西方体育的快速发展，中国传统体育文化正在失去传承。这尤其体现在以下两个方面。

首先，人口结构的变化导致传统体育运动的普及率下降。传统体育的内容大多是民间行为，通常是老一辈人言传身教传给下一代人的。然而，随着中国经济结构的发展和城乡发展差距的拉大，越来越多的年轻人从农村走向城市。城乡人口流动的不平衡导致了传统体育在农村传承的不平衡。与此同时，越来越多的年轻人被迫到城市谋生，发展自己的技能。农村人口向城市的转移，极大地改变了中国的人口结构，也破坏了农村传统体育文化言传身教的传承方式。在一些地区，农村传统体育文化的传承已经停止。与此同时，与土地利用变化和荒漠化相关的大量人口流动，使许多基于当地地理和人文景观的传统体育文化的传承出现了危机。

其次，传统体育遗产在现代文化的影响下日渐式微。通信、交通、网络等的飞速发展，以及区域间联系的加强，正在逐渐模糊传统体育文化的地域性，使相邻城市出现了不同的民间文化和大众文化。当具有地域性和民间性的传统体育文化在一个区域内传播开来时，相对或相邻区域的传统体育文化就可能面临新的生存危机，甚至消失。

（二）传统体育文化与传承人的互动

如今，国际竞争正迅速从对抗转向软实力形式的文化竞争。这是促进传统文化振兴的重要机遇。任何事物的发展都有其客观规律，不以人的意志为转移，传统体育文化的发展也不例外。可以说，传统体育文化是在人们的日常生活中存在和发展起来的，代表着群体的常识。

在现代科技对传统文化活动产生强烈冲击的情况下，要想与那些既努力拥抱传统文化又努力拥抱现代生活的科技竞争，是很困难的，甚至是不可能的。因此，振兴传统体育文化有效的方法是记录和保护国家的非物质文化遗产，确定非物质文化遗产传承人。

然而，即使传承的民间文化活动是在原生态民间文化的土壤上培育出来的，传承人所代表的民间文化也不再是群体的常识，即他们所处的民间文化空间的共同生活，它成为居民"消费"传统文化的欲望。民俗文化依附于传承下来的民俗文化并被其改造，不再具有可以存续的原始本质。大多数非民间文化传承者不再参与民间文化的创造和传播，传承下来的民间文化成为一种消费的文化符号。在这样的民俗文化中，没有集体的参与，只有传承者个人与民俗文化之间的互动，从而产生不正常的利益动机和互动关系。

文化遗产与民间文化的互动，无论是国家资助的传统体育文化的传承，还是国家创造的传统体育文化的传承，都必须从两个方面来考虑。一方面，这种互动反映了民间文化失去了生存基础的现状；另一方面，民间文化的传播及其个体传承人是传统体育文化发展的一种文化符号和活的见证。然而，我们看到，传统体育文化的个体传承人从群体的共同感知出发，不断发展变化以适应外部环境，逐渐丧失了民族自主性，成为个体的自觉创造。这与中国传统体育文化本质上是集体性、地域性、民族性的特点形成了鲜明的对比。

（三）传统体育文化学校教育体系的建设

每个国家都有自己的文化传统，代表着整个民族的精神。民间文化的经验和功能表明，它在适应自然和社会结构、维护传统文化基本规范方面发挥着重要作用，在社会和文化的整体和谐中发挥着积极、具体和不可或缺的作用，从而构成社会和文化的软控制机制。传统体育文化的特点是尊重身体体验，注重实践技能，重视社会伦理和人道主义伦理，以道德标准为导向。在历史发展过程中，传统体育文化在培养生活习惯、建立关系、确立传统、规范行为、陶冶性情、满足精神和心理需求等方面发挥了重要作用。正因为具有如此重要的教育意义，传统体育文化必须从小传承。为此，人们应将传统体育文化融入学校教育，建立以传统体育文化为基础的学校教育体系。

将传统体育文化纳入学校教育体系是确保我们美好的传统文化代代相传的现实需要。另外，还可以利用传统体育文化对学生进行道德、行为规范和气质培养等方面的教育。

将传统体育文化纳入学校体育运动课，可以减轻学生的心理压力，提高学生的身心健康水平。现代学生由于学业竞争激烈，学习压力大，心理压力大，容易导致情绪不稳定、急躁。这些不良情绪和行为对学生乃至整个社会的发展都会产生负面影响。因此，有必要培养学生的传统文化和道德，防止不良倾向在大学和社会中的蔓延。

因此，建立学校体育传统教育体系，不仅能促进学生的健康教育，还有助于培养学生的道德，规范他们的行为，提高他们的气质。最重要的是，传统学校体育教育体系的建立促进了传统体育教育继承人的教育和传统体育文化的传承与发展。

二、传统体育资源的开发

（一）传统体育资源开发的方向

传统体育资源开发的主要目标是让中国传统体育的发展具有现代性、科学性、竞技力，拥有一定的附加值。

1. 传统体育的现代性

传统体育是在古代政治、经济、文化和社会背景下产生、发展和传播的体育和文化项目，并形成一定的民俗文化。以现代化为目的推广传统体育对于弘扬民族文化非常重要，但同时也要考虑与体育现代化和本土化的关系。传统体育项目要想发扬光大，为不同地区、不同国家、不同种族的人们所熟知和接受，就必须具备现代的运动知识和现代的审美观。只有增强传统体育的现代吸引力，不断完善、更新和拓展古老传统体育的内容和组织形式，传统体育才会获得生机和活力，得到世界人民的认可和喜爱。假以时日，传统体育的发展必将对中国传统文化的发展起到积极的推动作用。[①]

2. 传统体育的科学性

对传统体育进行深入的理论研究，是现代体育传承与发展的重要任务。传统体育的发展需要剔除不科学、迷信的因素，弘扬积极、健康的因素。只有不断加强传统体育的理论研究，提高人们的体育锻炼意识和习惯，根据全民族的身体状况和体育精神文化建设要求，运用社会学、经济学、自然医学等，丰富传统体育的基本内容，才能深化传统体育的研究，建立和发展传统体育教育的理论体系，优化传统体育教育的内容，丰富传统体育教育的组织形式，通过前沿的理论和科学的教学不断完善传统体育教育。只有这样，传统体育教育才能在科学理论的指导下得到发展，满足人们和社会的需求。

3. 传统体育的竞技性

传统体育亟须改革和现代化，以更好地满足现代社会的需求，提高传统体育的健身性、娱乐性、普及性和竞技性。针对传统体育的竞技性，现代体育的规则和条例可以起到优化传统体育的内容、结构和范围的作用，以更好地满足社会发展需求。

（二）传统体育资源开发的途径

1. 加强理论研究

当今传统体育的发展需要体育理论方面的咨询和专家培训。传统体育的科学发展有赖于有能力的传统体育研究人员和培训人员。要做好中国主要传统体育项目，特别是濒危传统体育项目的保护工作，必须建立专门的研究机构，对具有特色的传统体育项目进行鉴定和收集，编写书籍，整理文献和电子数据。加强传统体育的理论研究，一方面，可以拓展、发展和丰富竞技体育、学校体育等传统体育的知识、技术和方法；另一方面，可以丰富传统体育的内容和形式，提高中国对体育文化的重视程度，促进国际交流，传播中华民族美好的传统体育文化。

2. 加强宣传引导

为了发展传统体育，弘扬传统体育，传播传统体育文化，我们应加强对传统体育的宣传，提高对传统体育的重视程度。要在全社会推广传统体育项目，利用大众传媒对传统体育项目及其文化进行宣传、介绍和普及。例如，可以利用互联网等现代媒体，对人们的生活方式进行传播，以促进传统体育的发展。宣传和报道传统体育，可以提高人们

---

① 陆盛华. 传统体育文化发展研究 [M]. 北京：华文出版社, 2021.

对传统体育功能和作用的认识，增加中国传统体育运动员的数量，提高体育人口的密度，增强人们的体质，提高人们的体育爱国意识，为传统体育发展打下更广泛的群众基础，提高人们对传统体育的保护和发展水平。

3.加强队伍建设

发展、组织和推广传统体育项目是地方体育负责人承诺的一个组成部分。因此，加强传统体育项目教练员和项目管理人员之间的合作，是发展传统体育项目、弘扬大众文化的重要保障。

首先，应最大限度地利用社会资源，对传统体育进行系统、规范的学习、收集和研究。其次，要加强和改进传统体育在学校体育和公民体育教育中的作用，加强和改进传统体育与学校体育、与公民体育的组织联系。理想情况下，传统体育俱乐部的组织也应体现国家、社会、团体和个人之间的有机联系。最后，应加强立法和监督，加大对传统体育俱乐部发展的政治和财政支持，采取适当的社会措施，建立有效的传统体育评价体系，鼓励在公民日常生活中推广和传播传统体育。国家机构、文化机构、体育行政部门、体育组织、文化和社会官员，以及体育专家，应共同支持传统体育领军人物和教练员的培养。

4.加强文化传承

传统体育文化的传承是开发传统体育资源的基础和前提。

首先，传统体育是学校课程的一部分。传统体育应成为学校体育教学内容的重要组成部分。可采取以下方法开发学校传统体育课程：开发连贯的传统体育课程和具体项目；利用现代教学方法，提高传统体育在年青一代中的普及程度；利用现代教学方法，保护、发展和传承传统体育及其文化。

其次，地方政府应支持并依托地方传统体育文化特色举办传统体育文化节，推广和发展地方传统体育项目，将传统体育资源开发与地方经济文化发展联系起来。

（三）传统体育资源的开发研究

传统体育是大众喜闻乐见的体育活动，是人们休闲文化的重要组成部分，具有深厚的群众基础，或多或少地反映了中国历史、社会、政治、经济、文化、民俗、宗教等方面的特征。借助现代创新手段发展传统体育，是确保传统体育走上繁荣和可持续发展道路的重要理念。

1.传统体育文化资源的开发

增强体质是传统体育重要、根本的任务和作用。虽然传统体育是农村体育文化的重要因素和有效组织方式，在社会和基层群众中得到广泛应用，但我国国民体育体系建设的重要问题是农村体育活动如何开展。这对全面建设和谐、繁荣的社会至关重要。因此，对传统体育资源的开发和利用，可以为我国体育事业的发展，同时为社会主义文明建设做出巨大贡献。

传统体育对于保持生活方式、增进人际关系、培养习惯、规范行为、陶冶性情，以及满足情感和心理需求都非常重要。传统体育精神具有重要的社会意义。传统体育是大众文化活的表现形式，是有待开发的文化财富。

首先，传统体育是城乡文化建设和社会主义精神文明建设的重要内容与有效途径。传统体育具有悠久的历史、丰富的内容、灵活的形式和重大的精神意义，传统体育的理想、态度和形式对人类和社会的发展具有深刻的教育和启迪作用。为了促进传统体育的发展，人们应采取积极措施促进传统体育的发展。

其次，传统体育是东西方文化交流的重要途径。传统体育的国际比赛和交流可以促进许多原本局限于小区域的传统体育项目的发展。支持传统体育发展是弘扬中华优秀传统文化的一部分，也事关现代发展和地区发展。传统体育和传统文化资源的开发，是中国重要传统文化资源开发的基础。

2. 传统体育旅游资源的开发

中国传统体育文化在长期的发展过程中，与多个民族和地域背景、生活方式、宗教、民俗、艺术等交织在一起，形成了反映不同文化的复合型民族文化。这种交织有利于传统体育资源与自然、文化、社会资源的优化组合和有效配置。因此，以自然景观和民俗文化价值为主的传统体育旅游资源具有很高的开发价值。民俗旅游的开发应将民俗体育的表现力、深厚的文化内涵与自然环境的映衬和谐地融合起来，形成一个有机的、可持续发展的传统体育生态系统。

（1）传统体育旅游资源开发的内容

中国幅员辽阔，山河壮丽，民族众多，传统多样。传统体育作为人文旅游的重要内容，对游客来说也是一种强大的吸引力和感染力。游客可以到民族传统文化活跃的地区，欣赏雄伟的湖光山色，感叹大自然的美丽。通过传统体育旅游，游客可以体验到传统体育带给人们的神奇、快乐和幸福。

首先，发展传统体育旅游必须与当地的自然景观相结合。例如，在内蒙古呼伦贝尔，游客可以体验在辽阔的草原上穿梭，看牛羊在风中吃草的感觉。在新疆维吾尔自治区，游客可以参加狂野大胆的赛马、狩猎山羊、"姑娘猎"等富有民族特色的传统运动。在康东南的苗族和侗族村寨，游客可以观赏斗牛、摔跤、放风筝、跳芦笙等传统游戏和体育项目，同时欣赏美丽独特的民居建筑。在世界最受欢迎的旅游景点之一的大龙舟表演中，游客可以在象桥上聆听鼓声，观看数百名水手竞技。登上青藏高原的世界之巅，游客可以惊叹于独特的藏式建筑、绘画、体育运动和歌舞。

其次，传统体育旅游的发展应与当地传统文化的传承相联系。特别是传统体育旅游资源开发要与中国少数民族的节庆活动相联系，这些节庆活动为传统体育旅游开发提供了富有人文意义的时空平台。例如，蒙古族的"那达慕大会"、藏族的"望果节"、回族的"开斋节"、壮族的"三月三"、彝族的"火把节"、傣族的"泼水节"等，是传承中国文化遗产的重要活动。

（2）传统体育旅游资源开发的环境基础

旅游业的快速发展为传统体育旅游的发展创造了平台。由于传统体育的发展历史悠久，具有地区性和民族性，现代传统体育主要在少数民族地区进行。中国少数民族主要聚居在中国的中西部地区。近年来，随着国家对中西部地区发展的高度重视，中西部地区的旅游业逐渐发展和繁荣起来。各省市都制定了可持续的旅游发展政策，建立了旅游管理机制，改善了旅游投资条件，拓宽了融资渠道，加强了对国内旅游的投资和宣传，在一定程度上促进了民族旅游的快速发展。据调查，中国的四川、重庆、贵州、云南、宁夏、西藏、新疆等十多个省（自治区、直辖市）已将旅游业确定为国民经济第三产业中的重点产业或高新技术产业。旅游业的积极发展和政策支持，充分显示了旅游业在西部地区经济发展中的潜力和作用。西部地区少数民族众多，传统体育是该地区重要的旅游资源。少数民族地区有着非常丰富和独特的传统体育旅游资源。由于历史原因，大多数少数民族生活在西部地区。在几千年的社会变迁中，许多少数民族保留了自己的风俗习惯和文化习俗，形成了独特的民族文化。在少数民族文化的多样性中，传统体育是其风俗民情的重要组成部分。与少数民族生活密切相关的传统体育项目对游客具有很大的吸引力。

在西部大开发战略的实施过程中，政府通过各项政策扶持少数民族地区传统体育旅游的发展，为传统体育旅游的发展与西部大开发战略的实施提供了宝贵的契机。在实施西部大开发战略的背景下，国家从基础设施建设、产业发展政策、资金投入、人才就业等方面努力振兴西部地区，并投入人力、物力、财力发展西部体育旅游。旅游是西部大开发的重要切入点，传统体育作为西部旅游的要素和吸引物，得到蓬勃发展。

国民经济的增长为传统体育旅游的发展开辟了市场。随着改革的深化、市场的开放和小康社会的到来，中国人民的生活水平有了很大的提高，闲暇时间不断增多。城市居民的生活水平达到了小康，农村居民的生活问题得到了很大程度的解决，用于教育、文化、休闲的资金比例大幅增加，人们可以把钱花在体育休闲活动上。此外，现代社会生活和工作节奏快，人们的压力越来越大，不可避免地需要休息和放松，以协调身心。这就是现在体育和休闲旅游越来越受欢迎的原因。体育和旅游已成为现代人的重要生活方式，并为开发富有民族风情和地方特色的传统体育旅游产品提供了巨大的国内市场。

3. 传统体育学校课程资源的开发

（1）将传统体育引入学校体育体系的价值

传播当今竞技体育的文化精神。恩格斯说，现代比赛首先滋养的是人的竞争精神。竞争是现代社会的重要价值观，也是现代竞赛的灵魂。竞技精神在现代体育教育和训练中，尤其是在大学教育中发挥着重要的思想作用。新课程标准所确定的"以人为本"的教育和训练理念，意味着现代教育不仅要培养学生的体育运动技能，还要促进学生身体和精神的全面、健康、和谐发展，并通过体育运动传递一种人生观和价值观，如关爱他人、尊重他人等。传统体育具有这些教育性和丰富性。将传统体育引入学校，不仅能减轻学生的竞争压力，还能让他们感受到传统体育文化精神的深层内涵，即在竞争中追求生存和成长，在竞争中实现教育目标，促进学生之间的和谐相处。

促进学生形成良好的道德行为。毕竟，健康的人不仅包括身体健康，还包括心理健康、道德健康、良好的社会凝聚力和个人和谐。另外，传统体育有着悠久的历史，至今仍具有扶正祛邪、弘扬校风、规范行为的作用。因此，作为一种教育手段，传统体育可以促进学生道德行为的发展。同时，传统体育内容丰富，形式灵活，教授传统运动有助于培养学生良好的品德，形成正确的行为，增强学生的社会适应能力，构建和谐文明的社会风尚。

培养学生的审美能力。亚里士多德认为，体操"不是力量的天赋，而是优雅的天赋，体育的目的不是人的体力，而是人的自由教育"。易卜拉欣补充道："体操不仅是体操，也是体育。体育的目的是通过竞争来实现的，但这种竞争必须受到以美为标准的规则的约束。"因此，体育是一门需要欣赏美的艺术。传统体育是体育的重要组成部分，它建立在传统文化的基础之上，其审美价值表现在更高的审美层次上，如文化雅趣。传统体育的审美主要表现在形式美、内容美、氛围美、和谐美等方面。学生通过参与或观看传统体育活动，不仅能体验到传统体育的美，还能将有趣的传统体育活动元素，如声、色、形、像等，与体验情感、身心愉悦、情感交流、美好审美体验表达、精神文化审美需求的满足等结合起来，创造出更复杂的审美价值。

传承与保护民俗文化。民俗文化是民族文化的重要组成部分，传统体育也是大众文化的重要组成部分。在现代社会，大多人文学科植根于民俗文化。换言之，没有民俗文化，就没有整个人类文明的基础。没有民间文学和民间艺术，一切文学艺术都将是无源之水、无本之木。当然，没有民间文化，中华文明的基因、源头和根基也会失去。因此，我们"要把更多的精力放在传承和保护民间文化上，让更多的人加入保护民间文化的城墙、保护民间文化的黄河的伟大斗争中来"。随着经济全球化的发展，各国文化相互交流,世界各国人民都十分重视非物质文化遗产的保护。在众多的民族文化价值中,中国的传统体育文化特色一直被保留下来,在传统体育文化的传承和保护中发挥着重要作用。将传统体育纳入教育资源的开发中,人们可以通过教育体系传承民间文化,提高公众对民间文化的保护意识,确保中国美好的传统民间文化得到保护、传承和发展。

(2)将传统体育引入学校体育体系的优势

传统体育的特点是透明、娱乐、有趣和无冲突,它广泛流传,有着深厚的文化根基。因此,学校引入传统体育教学方法是有益的,尤其适用于以下方面。

进行积极、刺激和激励性的学习。与竞技体育不同,一些传统体育项目很容易学习、理解和练习,无须进行严格的运动训练。跳绳、船排球、投掷、莲芯和许多其他游戏都很容易让学生掌握。教授这些传统体育项目,不仅能激发学生的兴趣,增强学生的自信心,还能让他们在参与游戏的过程中了解更多的民族传统文化。

为学生提供以结果为导向、寓教于乐的课程。大多数传统体育项目以结果为导向,寓教于乐。将传统体育纳入课程并为其制订教学计划,可以促进学生的身心健康,满足他们的自我表现欲望,增强他们的自尊心,并培养他们对游戏和运动的审美兴趣。

学校体育是生活中不可或缺的一部分,可以培养学生的终身体育意识。发展传统的学校体育教学方法,可以丰富学校体育课程内容。学生一旦学会一两项传统体育项目,就可以随时随地进行比赛。这样可以鼓励学生自觉参与体育运动,提高身体素质和体育技能,养成体育习惯,形成终身体育意识。

所需资金投入较少,不过多依赖设施和设备。传统体育项目简单易行,实用性强,不需要在场地和器材等体育设施上投入大量资金,从而减少了国家和学校的资金投入。

三、传统体育文化的危机及发展对策

(一)传统体育文化的危机

传统体育是中国传统文化的重要遗产,其在现代社会中的生存、发展和现代化受到严重威胁。保护传统体育文化,剔除其中的不良因素,是非物质文化遗产保护工作的重中之重。为了避免传统体育文化的生存和发展危机,我们有必要更好地了解传统体育文化危机的具体情况。根据研究,中国传统体育文化目前在以下几个方面存在危机。

1.传统体育的生存危机

(1)传统体育生存环境遭到破坏

传统体育的基础和支柱体现在地理特性、生产方式、价值观和信仰上。然而,全球化正在对其产生前所未有的影响,并对其生存和发展构成严重威胁。在以下两个方面尤其如此。

传统体育基于特定的地理特征。中国地理环境复杂多样，这些地理特征赋予了传统体育一定的地方性和丰富性。随着全球化进程的加快，特别是交通和通信技术的不断发展，彼此的地理界限逐渐消失，传统的时空观念逐渐被现代的时空观念所取代。一旦跨越了山水等障碍，与世界建立了联系，我们与地球上任何一点的距离都不再遥远。这说明，一方面，现代科技的发展极大地改变了传统体育赖以生存的地理环境；另一方面，现代科技迫使传统体育面临着强烈的跨文化影响。

传统体育是一种谋生手段。传统体育的发展历史表明，它们是与人们的劳动和生产方式同步发展的。例如，撑竿跳、空中飞人和斗牛是与农业生产同时发展起来的，摔跤、骑马和射箭则是与游牧生产同时发展起来的。如今，由于全球化的快速发展，传统的生产方式也在不断变化。传统体育所依托的生产源泉也在发生重大变化。全球化的另一个重要现象是思想和价值观的变化。这种变化影响了传统体育的精神源泉，引起了当地价值观和信仰的变化，阻碍了传统体育的传承和发展。换言之，外来文化的渗透改变了人们本土的生活方式，影响了人们的价值观和信仰。

（2）传统体育传承途径出现中断

首先，言传身教的传统乡村体育运动，随着市场经济的发展，随着年轻人从乡村向城市移民，已经发生了变化。这种外流导致许多传统体育和文化的传承出现危机。虽然国家在大力提倡保护非物质文化遗产，逐步收集传统体育的资料进行挖掘，相关部门也重视传统体育的发展，但传统体育的发展与现代体育在国家体制中的作用存在很大差距，走过了漫长的道路。中国传统体育项目在竞争观念的影响下，正在失去赖以生存的社会基础。它们逐渐失去了自己的地位，在国民生活中的作用也受到影响。

其次，很少有社区和组织在国家层面设立传统体育管理部门和指定专职人员，传统体育的发展、传统体育项目的开发和传统体育文化的传播长期被忽视。虽然一些专家和研究人员在传统体育理论研究方面取得了重大进展，但传统体育的理论很难转化为实践。

研究表明，从小学到大学，是人们学习传统体育的最佳时期。但在以学生为中心的教育体系中，传统体育很少出现在课堂上，而现代竞技体育却占据了大部分体育课时。这对中国体育传统是非常不利的。因为在中国，学校教育应该是传授传统体育的一个有效途径。除少数大学开设传统体育课程外，体育传统现在几乎只存在于社会学教学中。在正处于社会变革时期的中国，体育组织和体系的建立与发展困难重重，加之传统体育项目数量众多且地域分散，社会组织和个人很难承担起维系传统体育生存和保护它的责任。

2. 传统体育的发展危机

（1）传统体育发展的劣性变异

传统体育发展出现危机的主要原因是传统体育项目发生了变异，水平降低。一些传统体育项目之所以能够生存下来，主要是因为其在旅游开发方面取得了长足的进步，受到了游客的青睐。传统体育项目的旅游开发可以有效促进当地经济的发展，并得到了地方政府和投资者的支持、民众的认可。但需要注意的是，传统体育项目受市场激励机制的影响，融入市场经济的趋势，这看似对传统体育项目的传播和发展具有积极意义，但实际上却与利益流向有关。

目前，中国传统体育的发展主要与传统体育文化的产业化有关。一方面，传统体育的产业化发展给农村社会带来了经济效益；另一方面，传统体育的产业化发展极大地改变了村民原有的观念和认知，破坏了传统体育文化祭祀、娱乐、趣味等功能。在现代文明飞速发展的影响下，传统体育的天真气息被现代社会的气息所破坏。传统体育的产业化主要以物质利益为目的，急功近利的欲望推动了传统体育的商业化发展，使传统体育被人为地商业化，有时甚至变得不存在，任意改变和复制世界上并不存在的东西。这就是所谓的民俗的创造。一些优雅的传统体育项目逐渐失去其基本特征和原有风貌，还有一些则因开发不足而濒临崩溃或消亡。传统体育的这种变异，既有积极的一面，也有消极的一面，破坏了传统体育和民间文化整体的生态平衡，最终影响了中国传统体育的可持续发展。

（2）传统体育发展的制约因素

全球化是人类社会发展的必然趋势。就体育文化而言，全球化进程中，不同体育文化之间的交流应该是双向的、平等的。然而，从世界体育现状和发展趋势来看，不同体育文化之间的交流主要是单向的文化输出，如奥林匹克文化的传播、奥运会的举办等。

以普世体育精神为基础的体育运动的整体发展，始终无法摆脱"古希腊"和"西方"体育的文化渗透，也没有改变。奥运会的内容，包括组织机构成员的选择、运动项目的规划和场馆的选择等，始终清晰地反映着主导西方体育的西方思维。在体育和体育文化全球化的进程中，西方现代竞技体育成为主角。包括传统体育在内的中国传统体育深受西方体育的影响。传统体育发展处境艰难。阻碍传统体育发展的因素主要有两个。

一是理论贫乏。中国传统体育发展过程中，应该重视传统体育教育的科学理论研究与教学，适应不断发展变化的客观现实，尽快实现传统体育教育的合理转型。中国传统体育教育理论研究滞后，严重损害了传统体育教育的发展进程。造成中国传统体育教育理论研究落后的原因主要有以下几点。

首先，缺乏深入而长期的理论研究。只有少数研究者和学者对传统体操的理论进行了深入而长期的研究，这是中国传统体育发展的一大障碍。

其次，所属学科体系不健全。我国传统体育领域研究时间不长，尚处于初建门类和框架的阶段，没有明确的概念、定理、学科和研究方法。传统体育领域主要学科的发展还缺乏以学科发展的深度和广度为原则和标准的深入规划和实施。传统体育的发展远远落后于其他体育项目，学科体系的不健全直接影响到传统体育的理论研究。

二是缺乏执行力。经济全球化带动了体育发展的全球化，竞技体育成为体育全球化的主要推动力之一。世界上大多数国家在体育运动的发展与变革中吸收了西方体育文化，并按照西方体育文化对本民族的传统体育进行改造。在这一发展过程中，当地体育文化的民族性被不自觉地压制，传统体育文化的细微差别没有得到彰显。随着中国传统体育的现代化发展，出现了用西方体育文化规范来指导和改造传统体育的现象。传统体育由于缺少实践，逐渐失去了原有的民族性和地域性的传统文化内涵。

（二）传统体育文化的发展对策

传统体育是在古代特定的社会、政治、经济、文化、生产方式和关系的背景下，在独特的环境中创造、传播和发展起来的体育文化项目。随着中国城市化进程的加快和人们生活观念与方式的逐步现代化，古老的传统体育项目正在逐渐消失，其存在的基础正在被破坏。如何传承和发展中华优秀传统体育文化，为社会主义精神文化建设注入生机和活力，是传统体育发展中不可回避的问题之一，也是中国传统体育研究的重要课题。

1. 加强理论研究与学科体系建设

当今学术界有很多方法和理论视角，如社会学、经济学、辩证唯物主义等，探讨事物的起源、发展、灭亡及其规律。就传统体育教育而言，这些研究方法可以同时满足传统体育教育和传统体育活动不同理论发展的需要，深化传统体育教育的理论研究，最大限度地开发人们的体育潜能，提高体育技术水平，弘扬体育文化，促进传统体育教育的发展。

传统体育文化的发展要从根本上使传统体育的内容和形式适应现代化、现代思想和社会发展的要求，使传统体育的内容和形式适应我国全民运动的要求，要通过终身体育实现中华民族自然素质的目标。加强传统体育理论研究，将理论内容引入传统体育发展中，优化传统体育训练计划、内容结构和组织形式，可以帮助大众了解传统体育的精髓，促进传统体育文化的科学传播。

同时，建立传统体育科学体系，研究传统体育与其他学科的关系，科学合理地研究传统体育文化的内涵、基本特征、价值功能和发展规律。

目前，传统体育的理论研究和学科体系建设是体育教育综合学科中较薄弱的，基础体育文化的内容和研究方法还不适应发展的需要。因此，丰富和完善基础体育文化的科学理论，构建基础体育学科体系，将促进基础体育文化的发展。

2. 加强有组织地挖掘与整理工作

传统体育是非物质文化遗产的重要组成部分，它与其他民间文化一样，是中华民族宝贵的精神财富。为促进传统体育文化发展，各级政府应宣传传统体育及其文化遗产，与高校合作，加大对传统体育文化知识和遗产发掘、收集、记录、加工和保存的组织力度。

研究人员必须持续努力收集和汇总有关传统体育的数据，各国政府也必须在人力、物力和财力方面持续努力收集和汇总有关传统体育的数据。传统体育是行为传承的一部分，很难以书面形式收集传统体育的方方面面。因此，要真正科学、系统地开展保护工作，人们必须积极利用一切有效的技术手段，记录传统体育及其文化的细节，最大限度地对传统体育文化进行研究和比较。

3. 加强政府保护传统体育的力度

中国政府一直支持传统体育及其文化的发展。目前，一些由政府机构直接支持的传统体育项目在国内外具有重要影响，这说明政府机构在传统体育及其文化的发展中发挥了重要作用。中国正处于社会转型期，许多体育组织的社会生存能力不足，难以承担传统体育文化的研究、收集、传承和传播活动。因此，政府部门应为业余体育组织提供更多支持，并在政策法规方面提供科学建议。民间是传统体育文化发展的核心，各级体育行政部门应积极主动地支持相关公共机构，与社会各界合作，共同促进传统体育文化的传承与发展。

4. 提高民众传承传统体育的认识

传统体育文化诞生和发展于当地社区，具有广泛的民众基础。没有社区的支持，传统体育文化很难生存和发展。民间传统是一个地区居民的习俗和传统，反映了人们的思维、生活和行为方式。随着时间的推移，随着观念、产品和生活方式的演变，民间传统不可避免地会发生变化或消失。传统体育文化作为民间文化，是人民群众在发展过程中保护和传承的组成部分，人民群众是传统体育文化重要的继承者。

因此，有必要提高公众对传统体育和文化的认识与了解，以保护传统体育和文化，促进其可持续发展。只有公众对传统体育有了认识，才能主动、自觉地去弘扬和传播传统体育文化，从而实现传统体育文化的可持续发展和永续传承。

5. 将传统体育纳入全民健身体系

传统体育深受大众喜爱和认可，有着坚实的基础。传统体育深深植根于中华优秀传统文化，传统体育的中国哲学和医学在维护现代人健康方面发挥着重要作用。将传统体育纳入全民健身体系，是弘扬传统体育文化的重要战略之一。

相比之下，传统运动灵活多变，不受空间或设施的限制。它们可以在任何地方进行：大道和小径、森林和草地、室内和室外。

中国传统体育具有现代体育所不具备的天然健身养生功效。在提倡全民健身的今天，发展传统体育并将其融入大众体育世界，是传统体育现代化的一个重要信号。

6. 将传统体育纳入教育教学体系

学校教育是传承人类文化和文明的有效途径之一，加强学校传统体育教育对传统体育文化的发展具有重要的战略意义。首先，应将传统体育教育系统地纳入小学体育教材，促进学校传统体育教育的积极发展。其次，将传统体育纳入学校正式课程，让学生系统地学习和掌握传统体育，这对传承和发展传统体育文化、培养传统体育领域的领军人物和专业人才具有重要意义。

7. 加强与世界体育文化的交流

著名历史学家斯塔夫里阿诺斯说过，文明的发展取决于一个社会群体学习邻国经验的能力。一个群体的发明传给其他群体的越多，交流越频繁，学习的潜力就越大。换言之，无障碍环境在人类发展的许多阶段至关重要。与其他国家交流机会最多的国家肯定会受益。随着全球化的发展，中国传统体育不可避免地会与其他体育项目发生碰撞，我们应积极、开放地接受西方竞技体育的影响，切实支持传统体育的发展，主动与世界不同体育文化开展合作，采取必要措施弘扬传统体育。我们应该拾遗补阙，护善摒恶，赋予中国传统体育文化新的价值。

8. 探索传统体育产业化发展途径

现代社会的发展以市场经济为主导，全球化首先出现在经济领域，然后迅速蔓延到社会发展的各个领域，是人类社会发展不可逆转的历史趋势，经济全球化也影响着作为社会发展产物的传统体育。经济与文化的融合发展是现代市场经济重要的三大发展之一。传统体育作为一种文化现象，要想在全球化进程中长期生存和发展，就必须积极寻求和走产业化、商业化的道路。推动传统体育的产业化发展，不仅能为社会带来经济效益，也有助于应对全球体育文化的同质化发展问题，保护中国传统体育的多样性。

9. 引导传统体育文化良性变化

传统体育是历史和社会演进的产物，随着历史的演进、社会的发展、自然和地理环境的不断变化，它也必须随着这种变革而变化。不过，这种传承的变化是绝对的，只有通过积极变革，适应人类需求和满足社会发展需要，与时俱进，才能保持和发展。

因此，推动传统体育文化的积极变化，才是传承和发展大众文化的正道。李志清认为，与其片面追求积极的价值取向，或者追求无谓的个人利益，不如通过积极变化来实现健康、大众、积极的文化偏好目标。应鼓励和管理传统体育文化的积极变化，确保传统体育及其文化的可持续发展。例如，艺术家、体育专家、大众文化专家和其他研究人员应深入研究了解与传统体育相关的心理功能、宗教信仰、行为模式、道德习俗、传统体育风格和传统体育规范，从而提出有据可循的发展建议。

第三节　新时期传统体育文化的现代发展路径

一、日常生活世界历史演进模式中的传统体育结构及图式

文化形态的演变序列可分为原始社会文化形态、传统农业文化形态和现代工业文化形态。根据日常生活理论范式，文化形态分别对应于原始日常生活、传统日常生活和现代日常生活。一个人类学发展的事实是，传统体育原本就是人类社会诞生和发展进化过程的一部分。研究和分析传统体育的起源与发展，目的在于从三个方面描述和分析传统体育的起源与发展：日常生活的内容和特点，以及相关人类心理的历史发展；从历史条件的角度看日常生活的发展和传统体育在现代性产生中的转变特点；分析传统体育在现代的能力和产生。

（一）原始日常生活中的传统体育

原始世界是人类历史的开端，也是人类社会原始的世界，本质上是一个典型的日常生活世界。在这个世界出生的人的全部生活都是由自然的、自发的活动组成的，包括人类生存和繁衍所必需的活动。今天，传统体育是最原始的，因为我们生活的世界具有生态特征。传统体育的起源与原始人的生存和生产活动有关，这些活动是在日常社会活动之外，通过自然或人工手段，相对独立地自发进行的。因此，传统体育与采集、捕鱼和狩猎等生产活动密切相关。这一时期，传统体育活动的主要工具是弓箭、棍棒、石块和绳索。在体育发展史上，这一时期被称为原始体育。这也解释了为什么原始体育的主要活动是舞蹈、游戏、武术技能和一些原始娱乐活动。

从民俗的起源和演变来看，民俗与人们的实际活动是同时代的，民俗中的人是原始意义上的原始人或野蛮人，民俗的原始内容包括原始的世界观、神话、法术和游戏。民俗的原始内容包括原始的世界观、神话、法术和游戏，是原始生活方式的一部分，这表明原始体育的许多内容可以被归纳到民俗世界中。原始体育包括集体舞、生产舞、爱情

舞、巫舞和战争舞，这些舞蹈表达了祈祷、激励和纪律。作为一种集体活动，舞蹈的主要特点是体现人与人之间互动的节奏和谐，人与自然力量之间的沟通协调，以及战争舞蹈所唤起的勇气和力量。在原始体育运动中，舞蹈象征着对自然力量的崇拜和万物有灵论思想中对自然力量的恐惧，生产舞蹈象征着对丰收的希望，爱情舞蹈象征着人类寻找伴侣、结婚生子的愿望，萨满教舞蹈象征着与神沟通并影响神的愿望。舞蹈、军事训练和原始娱乐活动等原始体育活动与人们的生产生活方式密切相关，反映了人们的实用和功利偏好。在这些活动中，游戏与现代体育最为相似。游戏是一种自我意识和娱乐方式，源于人类作为生命有机体的本能，以及人类与自然的斗争。

显然，原始体育的发展不仅受到人类生存生理需求的影响，也受到人类原始情感表达需求的影响。例如，舞蹈象征着当时人类在原始生活方式中认识、理解、掌握和控制自然和自身的方式。舞蹈是集体激情、活力和情感在集体运动中的积累和宣泄。舞蹈植根于智力活动、模仿、精神想象，以及魔法和原始宗教的集体表达，游戏和军事训练则植根于工具制造、工作、日常生活经验模式和竞争精神。传统体育植根于民间心理，从一开始就与生产和日常生活紧密相连。这使其具有很强的功利性，成为与当时民间心理相联系的非实用性体育活动。图腾和神话传达了虚幻、遥远和仪式化的物质活动形式，但其起源却具有强烈的实用和功利意义。在生产效率极低、人们必须花费大量时间和精力才能生存的情况下，只有借助魔法的庇佑，体力活动才能逐渐从劳动、战争和其他活动中分离出来，并转化为一种相对自主的社会活动。

原始世界的基本性质决定了传统体育的起源和特点。马克思认为，原始世界中，人类的物质活动和精神活动相互依存，杂乱无章地组合在一起，它们之间没有明确的界限，实现物质和精神的统一，是一种文化组合。它与当代现实生活密切相关，接近人们的生产生活，有时甚至接近生活本身。如果要概括原始生活世界中传统体育的特点，那传统体育就具有强烈的生活性、神秘性、体验性、模仿性和情感宣泄性；就活动内容而言，地域性和全民平等参与性明显，活动具有自主性和自愿性，没有等级组织，没有参与者资格要求，没有证书，不承认成绩，不承认参与者的成就，全民参与传统体育没有专业人员。

（二）传统日常生活中的传统体育

传统日常生活是指乡村文化中的日常生活。与原始日常生活相比，其思想、礼仪和观念仍与物质生产相联系，但逐渐演变为一种自主的精神活动，不同于传统社会的原始形态。传统日常生活的内部结构和行为模式仍然是在自给自足的农业和乡村文化基础上发展起来的。在自给自足的农业生产中，传统日常生活的活动重复进行，并遵循自然的

第二章 新时期传统体育文化的传承与发展

节奏。民俗和民间节日是组织和整合人们活动的重要手段，尤其是在秦汉时期首次出现节日之后。各种民间节日在传统体育的起源和发展过程中发挥了重要作用，并发展出许多与民俗和节日相关的体育活动。例如，许多体育活动与民俗和节日有关，如春节的登山和远足，元宵节的游瓶和拉绳、放风筝、屏风游戏、舞步、荡秋千，清明节的划船和水上运动，晚节的骑马和射箭，端午节的龙舟竞渡，中秋节的登高和跳月等。其他节日，如攀岩节、蜡烛节、罗舞节和雪鞋节等，虽然较少，但与民间体育和游戏的历史传承密切相关。传统体育生活方式；春秋战国时期清汉体育观念和实践的基本发展；清唐时期不同民族体育共存格局的发展；宋代不同民族体育共存格局的出现；元明清时期体育向民间传统的过渡；清代传统体育观念和方法。哲学思想的不断发展；教育制度和教学思想的不断发展。

与原始世界的日常生活不同，传统体育活动是多样化的，人类社会摆脱了原始魔法和宗教的绝对限制，不再是一个古老的世界，而是一个古老与非凡并存的社会。但是，即使在思想、礼仪、观念、教育和习俗等非凡世界出现之后，古老与非凡依然并存。民俗的规范功能是通过节日来组织和统一人们的社会活动，节日越来越多地出现在传统的日常生活中。在非古代生活世界精神、观念和思想发展的这一阶段，出现了传统体育的核心价值，如天人合一、道德传播、运动与沉思并举等。传统体育活动，尤其是与节日密切相关的活动，往往受到道德规范的约束，具有深厚的道德基础。此外，传统体育活动的意义和特点在很大程度上是由当年的礼仪和传统决定的。由于节日的本质在于延续，节日与日常生活之间的连续性构成生命的过程，因此，季节性的仪式和习俗不仅协调了生产和人的生活，还协调了社会关系、人与神的关系，以及人与自然的关系，传统体育也协调了季节内的工作和休闲的关系。

在传统日常生活中，传统体育仍然处于自然生长的阶段，大众生活中的传统体育活动仍以自发的、基本的活动为主。在传统体育发展的这一阶段，在传统哲学思想的影响下，原始体育的蒙昧性和神秘性开始消失，出现了反思、对生命意义的追寻，以及普遍的健康性、地域性和融合性的特征。在物质层面，这仍然表现为普遍的参与不平等、性别不平等、参与者缺乏培训、成果得不到认可、传统体育活动缺乏当地工作人员等。虽然万物有灵、物我无别等神奇的宗教思想在这一时期比原始时代更为普遍，但道德和宗法制度的内容开始影响人们的思想和行为，强烈的道德、伦理和情感价值观开始体现在人们与参与有关的思想和行为中。与参与有关的强烈的道德、伦理和情感价值观开始反映在人们的思想和行为中。

(三)现代日常生活中的传统体育

现代日常生活与现代工业文明相对应。与从原始日常生活向传统日常生活的过渡相比,从传统日常生活向现代日常生活的过渡对人们日常生活功能方式的变化有着深远的影响。在现代工业文明中,以科学技术和教育为代表的日常生活领域相对较小且不发达,随着这一领域的快速发展,日常生活最初的强势形象开始从人类社会的主导和显性模式向隐性结构转变。从传统日常生活世界继承下来的民俗在现代工业文明的条件下发生了重大变化。

早在原始世界出现和传统世界相互融合之后,现代世界的传统体育就开始从日常生活世界走向非凡生活世界。由于民俗的独特传承性和历史性,新的传统体育项目的产生和旧的传统体育项目的消亡并没有发生明显的变化。事实上,传统体育项目在传统的日常生活世界中依然存在,只是许多传统体育项目的发展方向发生了变化。传统体育在传统日常生活世界中的生存和发展是自发的,但当现代工业文明为传统体育的现代化创造了条件时,主导现代日常生活世界的自发传统发展就开始发生了变化。

时至今日,传统体育的发展细节已经发生变化。在现代科学进步的指导下,传统体育在现代动态社会中起源的模糊性和神秘性逐渐消失,地域特色依然明显但开始减弱,城乡过渡初具规模。平等参与是一个关键因素,以往男女参与的不平等现象已经消失。传统体育的发展呈现出不同的趋势:由于技能和成就得到认可、特定组织系统的发展,以及专业骨干的出现,一些活动已从自发发展转向自由和有指导的发展,另一些活动则仍处于自发发展的状态。现代性进入生活世界,改变了民俗的基本内容和行为,改变了文化遗产的内容和形式,也改变了民俗的心理。在现代社会,工业文明的两种基本精神——技术理性主义和人文精神——逐渐发展了人的创造精神和主体精神,对法术和神灵的热爱和敬畏降到了人类发展史上的较低水平,传统体育传承的基本制度也从对生活世界的全面参与精神转变为观察精神和合作精神。传统体育共生与润泽精神的出现,必然导致传统体育的消费由参与型向观摩型、消费型转变。这是传统体育在现代社会深刻的变革。

二、转型期传统体育的发展路径分析

随着社会的变迁,传统体育项目也随着内外环境的变化而发展。有的已经融入传统体育项目,如风筝冲浪;有的正积极准备以群众比赛和表演的形式融入传统体育项目,如跳绳、皮划艇、舞龙舞狮等;有的传统体育项目继续发展,如秧歌、赛龙舟等。

第二章 新时期传统体育文化的传承与发展

（一）与现代体育的合流

通过对龙舟运动现代转型的研究，我们可以发现，传统运动向现代运动的转型在历史上并非绝无仅有。因此，从古代奥运会到现代奥运会的发展，可以说是一部民俗在体育运动中得到较好诠释的历史。如果我们从民俗学的角度来分析这一历史变迁，就会发现不同寻常的意义。

1. 古希腊的民俗：古代奥运会

奥林匹克运动在古代的发展表明，举办奥运会的奥林匹亚是古希腊古老的宗教中心，城邦在所有重大节日都会组织大型宗教集会，举行歌舞和体育竞赛来祭祀诸神。奥林匹克运动会作为一种仪式，不仅是对神灵的敬意，也表达了人们对和平与美好生活的追求。每四年举行一次的奥林匹克运动会不仅是体育比赛，也是古希腊持续一千多年的庆典。在这些庆祝活动中，体育赛事、文艺表演、竞技比赛、宗教仪式和其他活动都被完整地宣布、介绍和展示。

古希腊举办奥林匹克运动会似乎并非偶然。对万王之王宙斯的崇拜，对强健体魄的胜利者的颂扬，不仅反映了当时的世俗文化生活，也与当地民众的信仰和心理密切相关。民俗是一个国家或民族的民众创造、培育和传承的活态文化。在古希腊，没有任何一项体育赛事能像奥林匹克运动会那样吸引如此多的参与者和得到如此高的关注度。民俗有四个特点：集体性、传统性、遗产性和类型性。奥林匹克运动会的普遍性和集体性，古希腊城邦同意参加奥林匹克运动会，而不是单个城邦的行动。奥林匹克运动会的集体性虽然带有性别色彩，但却是希腊人普遍社会庆祝活动的一部分。奥林匹克运动会的普遍性和集体性可以用这样一个事实来解释：古代奥林匹克运动会每四年举行一次，从公元前776年开始，不间断地持续了1169年，在此期间共举行了293次；在中断了1500多年后，以现代奥林匹克运动会的名称重新开始举办。

民俗是在庆典活动中形成的。就民俗而言，奥林匹克运动会是古希腊人民俗生活的重要组成部分。在古希腊几千年的历史中，奥林匹克运动会以四年为一个周期，这说明奥林匹克运动会是民间生活的一种形式，奥林匹克文化是民间文化的一种形式，它本身具有强大的生命力，深深植根于民众的意识之中。古希腊的社会政治、经济和宗教理想与奥林匹克运动会紧密相连，并作为古希腊民间文化的一种形式存在于奥林匹克运动会之中。因此，古奥运会作为一种民间文化形式存在于古希腊。现代奥林匹克运动会是古代奥林匹克运动会在1500年后的复兴，沿用了古代奥林匹克运动会的名称和精神；现代奥林匹克运动会每四年举行一次，是世界体育的最高检验，是现代体育发展的标准和尺度。从古代奥运会到现代奥运会，奥运会的项目、规则、场地和方法都发生了很大的变化。由于古希腊城邦对刺激的需求，早期奥运会的内容发生了重大变化，如跑步、摔跤、拳击、五项全能、赛马和行进。现代奥运会每个项目的起源各不相同，但都对全世界竞技体育的发展至关重要。

2. 体育在场域转化中的资本逻辑

法国社会学家布迪厄认为，"场"的概念使我们能够理解社会的不同部门。他将"场域"定义为"不同立场之间的客观关系网络"。在原始社会和传统乡村的文化模式中，体育与劳动生产和仪式生活密不可分，而在现代工业文明的文化模式中，体育已经脱离了劳动生产和仪式生活，作为一个独立的概念或体系出现在现实生活中。体育与生产和劳动结构的脱钩，为创新和变革提供了契机。

体育脱胎于原始和传统农业文化模式，进入现代工业文化世界后，创造了自己的领域。在这一特殊领域，以现代奥林匹克运动会为代表的奥林匹克运动，根据奥林匹克"为和平和更美好的世界做出贡献"的理想，获得了一种文化资本。《奥林匹克宪章》首次宣布，"参加奥林匹克运动会的标准是得到国际奥林匹克委员会的承认"。参加奥林匹克运动的标准是得到国际奥林匹克委员会的承认。体育运动必须由独立和公认的体育组织来组织与管理。宪章一旦确立，过去获得的文化资本就可以转化为社会资本。随着社会发展起来的经济资本也在体育运动中找到了自己的位置，并成为影响文化资本和社会资本的力量之一。在体育运动中，传统体育与现代体育并存，两者之间有着千丝万缕的联系。在资本主义游戏中，现代体育本质上是文化和社会资本，制度化是生产这种资本的重要手段和框架。

尽管许多研究试图确认和捍卫大众文化与传统体育的历史价值，但从文化到文化资本的过渡并不清晰。对大众文化的保护可以说是文化资本的一种特殊形式，因为它的精神性和历史意义不断得到体现，而且文化资本的客观条件表现为理论的痕迹或具体的表现形式：文化产品（绘画、书籍、乐器、字典、机器等）。在现代社会相对较短的历史中，现代体育以文化资本的所有三种形式出现，而传统体育在其漫长的发展历史中，只在不同程度和不同速度上以其中一种或几种形式出现。

在龙舟运动的转型过程中，文化资本的客观条件是通过基于原始文化资本形式的文化资本存在来实现的，如世界龙舟锦标赛、俱乐部比赛和全国龙舟比赛的出现，但文化向文化资本的转化实际上是通过文化资本的制度化形式实现的。制度化的存在形式是一种客观形式，在这种形式中，物品被区别对待，并被赋予在制度中生存和发展所必需的权利和地位。

在当代奥林匹克运动的背景下，奥林匹克运动会所获得和代表的制度化文化资本，导致这一体系之外的其他运动项目被排除在资格之外，并以平等的名义剥夺了获得相同资本的机会。以教育为例：大学学位和文凭是公认的资格，自学成才者则不同，他们没有资格，必须不断证明自己的资格，这就赋予了资格持有者一种公认的、不可改变的、法律上确定的价值。这种价值已经独立于资格持有者而存在，并使他/她有权强迫他人接受他/她的社会承认。这种权利在资格和资格本身之间建立了一种根本的区别：一种制度权利。因此，他们寻求获得尽可能多的机构认可的文化资本。获得某种机构认可的文化资本可以使许多有技能的体育运动合法化，并能进行比较。

从中国体育发展的历史来看，中国体育锦标赛制度的建立实际上是国家历史条件和时代需要的结果，经济资本还没有充分显示出参与奥运的能力，但从1896年至今，经过100多年的发展壮大，现代竞技体育第一次不能忽视这样一个事实：正在征服世界的文化资本和社会资本实际上是中国体育发展的重要因素。尽管经济资本还不能完全参与到前两种资本中，但人们已经倾向于将奥运会视为一种文化资本。既然只有制度化的文化资本才具有可比性，中国就必须积极参与到这一业已存在的资本中来，抓住机遇，与世界各国平等竞争、平等表演、平等交流。

与现代竞技体育相比，草根体育在各种国际政府组织和非政府组织的努力下，于20世纪末开始迅速发展。然而，根据文化资本的规律，草根体育可以比作没有教育学资质的自我教育，体育的教育学资质则代表着国家的权力和形象。竞技体育只有在对文化资本有制度化需求的情况下才能代表国家的权力和形象，大众体育对文化资本没有制度化需求，因此这两种体育不具有可比性。

在变革时代，面对现代体育激增带来的危机，一些传统体育项目正积极参与文化资本的制度化。从民俗到体育的转变需要时间、空间和人。在众多传统体育项目中，龙舟之所以能实现现代转型，是因为它是一项竞技体育项目。而且，从民俗到体育的转型是一个渐进的社会变革过程，需要相关国家和国际组织的努力与推动。在体育文化资本的争夺战中，中国传统体育从一开始就没有竞争优势。在现代体育向世界传播并获得全球文化资本之前，传统体育无法克服与现代体育争夺体育资源所带来的发展危机。在原始社会和传统农业的文化模式中，与生产和生存密切相关的传统体育构成了当时体育生活方式的全部内容，但当时的生活方式却无法创造出一个体育竞技的舞台，让运动员在这个舞台上争夺有价值的优势资源。在任何一种文化模式中，体育都不是独立于生产生活之外的存在，因此，既没有可利用的资源，也没有争夺可利用资源的选手或竞争者。因此，在这两种文化模式中，都不可能发展出字面意义上的竞技体育。在传统体育中，运动员的地位只是在竞技体育发展之后才确立的。体育领域的发展是现代工业文明模式出现的结果，现代体育只是这种模式的产物。因此，尽管现代体育与传统体育的竞技作用没有直接的关系，但现代体育和传统体育都是体育领域的因素，传统体育竞技作用的出现和发挥是体育领域出现和发展的前提。

一些学者从不同层面和角度解释了现代体育在现代社会的发展，指出"有组织的兴趣"的出现是现代体育作为一个专门学科在现代社会中出现的重要因素之一。这是由于现代社会环境中科学技术的发展正在影响着大多数人的生活方式，许多人逐渐失去了对时间和空间的控制。一些体育项目依赖于资本的支持和保护，各种社会力量正在塑造新的、日益复杂的体育形式。随着世界的全球化，现代体育在社会中的作用也在逐渐演变。

事实上，只有一些传统体育项目能够作为体育项目发展并与现代体育项目共存，另一些传统体育项目则在现代日常生活中发展。

（二）走竞技或观赏性表演的社会化道路

龙舟运动具有很强的竞技性，但与这种竞技性形成鲜明对比的是，许多传统运动强调社交互动。

龙狮运动是竞赛性表演类活动的突出代表。舞龙和舞狮也是中国传统的民间舞蹈。近十年来，舞龙舞狮已成为东南亚许多国家和地区的竞技体育项目，国际舞龙舞狮比赛的数量也在逐年增加。现代舞龙舞狮已从群众性的观赏活动发展成为集娱乐、庆典、竞技、健身于一体的文体活动，经历了规范化、科学化、竞赛化和国际化的过程。为了在中国和世界范围内推广舞龙舞狮，中国成立了中国舞龙舞狮运动协会，并举办了一系列国际性和地区性的舞龙舞狮活动。舞龙舞狮运动在民间文化传承的基础上，在组织机构、项目规范、竞赛组织、融入学校教育等方面都做了类似的努力和培养。然而，在融入现代体育方面，这两项运动并没有达到相同的发展水平。虽然舞龙舞狮运动有职业锦标赛和精英赛，但从未成为大型综合性赛事，其影响力也主要集中在华人聚居区。

舞龙舞狮运动的发展过程可以从发展规划、项目特点、资金来源、营销方式和发展内容等方面进行分析。根据发展计划，舞龙舞狮运动将在本地发展，并在国际上推广。本地发展的重点是组织不同层次的比赛，以满足社会和社区发展的需要；国际推广的重点是宣传民俗文化的重要性，以增强可持续发展的活力。通过对影响当前龙舟运动变化主要因素的分析，我们可以看出，影响当前传统运动变化的主要因素之一是项目本身的性质。对舞龙舞狮运动设计特点的分析表明，舞龙舞狮运动是用工具演绎龙、狮不同姿势和肢体动作的体育运动，强调表演、技巧，但竞争性极弱。这项运动具有很强的仪式性和礼仪性，通常通过开闭幕式和庆祝活动来推广。如果政府要投资舞龙舞狮运动，推动其可持续发展，就应该走一条以政府主导、政府支持、企业赞助为基础的社会化道路。

在社会转型的过程中，舞龙、舞狮、秧歌、腰鼓、高跷等民俗活动也随着改变。传统体育和本土体育的衰落和消失，部分原因是当今学校缺乏系统的传统的体育教育。现代学校体育制度已经进行改革，强调传统体育在现代体育中的作用。

（三）自在自发地散落于民间

体育作为一种人类学现象，存在于社会发展的各个阶段。与经历了前两个发展阶段的传统体育不同，民间世界充满各种民俗活动，我们可以称之为自发民俗。它们广泛存在，巧妙地融入人们的生活，我们甚至没有注意到它们。这种诗意的乡村生活形式与民俗密切相关。传统体育活动的特点，如组织灵活、规则由传统习俗决定、形式多样、观赏者和参与者分工明确、角色分工清晰、参与者之间关系明确等，在这些活动中得到了最好的体现。

例如，江苏徐州的喊山。喊山是苏州人的传统习俗，在云龙山喊山早已成为苏州市民生活的一种时尚。喊山不分男女老幼，适合推广。在徐州进行的实地调查显示，67%的受访者知道喊山，偶尔参加、经常参加、不参加的比例不等。偶尔参与和经常参与之间存在差异，这取决于参与的状况。约52%的参与者为偶尔参与。他们的行为一般不稳定、不确定。非参与者不仅对活动本身不感兴趣，而且还抱怨太吵了，打扰了隔壁街区的人。更有人振振有词地说，成群结队地登山，尖叫声太大、太吵，扰乱了鸟类的栖息地，破坏了云龙山的生态环境。这也是人们零星参与的原因之一。登山等传统体育项目具有民间传统的真实性。换句话说，这种体育活动尽可能地贴近人们的生产生活，甚至是现实生活。与表演不同，它不以创造赢家为目的，没有参与者和观众之间的限制和区别。

对他们生活方式的分析表明，没有组织或领导来规划和改进这些活动，更不用说规划具体活动的发展了。参加这些活动往往不是出于明确的主观锻炼愿望。由于活动内容来源于他们的生活方式，所以参加活动是自发的、自觉的。就具体内容而言，许多这类活动具有很强的地方特色。许多流行的体育传统是地区历史结构的一部分。就国家和地区而言，传统体育作为一种个性化机制，已经具有了地区性，因为历史上发展起来的传统体育实际上促进了国家和地区特性的发展。其中，许多传统体育项目在童年记忆中挥之不去，至今仍是许多中老年人喜爱的消遣项目。

从经济角度看，这种活动不需要在场馆、设备、气候或其他客观物质条件上花费大量资金。它不需要轰轰烈烈的组织和宣传，不需要大张旗鼓地动员，需要的是潜移默化的行动。这种行动总是能渗透到人们的情感和生活中，不被察觉，持续时间长，并以一种诗意的方式传播。

换句话说，这种体育活动与人类生产和现实生活的关系更为密切，在民族或群体中积淀着集体遗产，塑造着民族或群体的生活方式和文化传统。它积淀在集体遗产中，在族群的基础层塑造着族群的生活方式和文化传统。由于缺乏有凝聚力的组织或机构进行规划和动员，发展的内容不是自发的，而是零散的、多样的，以满足个人和小群体的各种需求，如娱乐、休闲、社区和健身等。因此，这些基层活动在项目发展规划、项目特点、资金来源、营销方式和发展内容等方面有很大不同，往往体现出与生活方式密切相关的自发性和自主性。

三、传统体育的"常"与"变"

关于传统体育的演变，从传统的自发状况到现在的三种传递方式的结合，说明传统体育的变化有一部分是传递方式的多样化。至于民俗的特征，传统体育的变与不变显然也是民俗的一部分，因为变与不变原本就是民俗的重要特征。

其"变"主要体现在：从单数变为复数；遗产的内容发生了变化，从民俗文化的主题，特别是仪式、节日、游戏和体操，变为传统体育的主题，特别是游戏、表演和体操；遗产的心理发生了变化，从认为万物都有灵魂以取悦于人和神的信仰，变为以自我实现和健康为首要目标的信仰；遗产的主体也发生了变化，从与土地和环境紧密相连的人变成与土地和环境隔绝或部分隔绝的人；遗产的主题也发生了变化，从与土地和环境密切相关的人到与土地和环境完全或部分隔绝的人。

仔细观察上述变化，不难发现，民俗、民俗的风格和民俗发挥作用的背景，已经从传统体育运动变成了选择不同发展道路、决定主动融入现代体育的活动。在这一时期，民俗从生活在农耕文化中的农民变成了生活在现代工业文化中的城市居民，民俗的风格也从绝对专注于民俗活动、遵守节日和仪式变成了与现代体育竞争，民俗活动的环境也从与自然密不可分、和谐相处转变为脱离自然。在选择通过竞赛和表演来实现社会化方式的传统体育活动中，民俗的对象主要是中产阶级，但在现代工业文明背景下，对象扩大到部分中产阶级，民俗的形式也在民间文化节和现代体育活动之间变化。民俗的语境在与自然的千丝万缕的联系和一种疏离的形式之间摇摆不定，选择了诗意的氛围。选择诗意氛围的传统体育在民俗主题、民俗风格、民俗环境等方面基本保留了民俗活动的原生态特征。民俗题材往往具有城市特色，与节庆、假日和民间传统密切相关。与历史变迁相比，它对自然环境的依赖变化不大。

但是，民俗有其自身的生命力和稳定性，其相对稳定性体现在传承过程中。就民俗在社会生活中的调节作用而言，它并没有减少适应和创新，而是对已有的社会生活和传统进行调节和改造。随着民俗所处的生态环境的变化，某些民俗主题或存活，或消失，或以新的形式重新出现，不断变化的民俗往往呈现出技术化和商业化的演变趋势。然而，在社会变革和转型时期，并非所有民俗活动会商业化和技术化。例如，春节家庭聚会是真正的家庭纽带，任何技术设备都无法取代这种家庭纽带。民俗本身是文化与符号的混合体，民俗符号的民族性体现了强大的生命力。民间符号的民族性是指民间符号的内容和风格与中国的民族传统和祖先遗产有着千丝万缕的联系。例如，龙是最具中国特色的民间符号。龙在斗龙中是一个非常重要的符号，龙的强烈象征意义使斗龙成为古代传统的主要图案之一，凝聚着中华民族的民族情感和根深蒂固的身份认同。民俗的基础必须是传统和自然，即使在现代社会变革的时代，当代中国民俗学也吸收和采纳了许多外来和西方的元素，但其基础和核心仍然是传统。这就是民俗学发展中变与不变的规律。

民俗变迁中的不变法则，体现了近代社会转型期中华固有文化传统的延续性。这也解释了为什么虽然很少有人参与或观看舞龙舞狮，但舞龙舞狮却受到民众的欢迎，成为一种推动力，体现了大众文化的悠久历史和凝聚力。根据功能文化理论，文化的创造是为了满足人们的实际需求。换言之，大众文化总是顺应人们的需要，满足人们的现实需求，包括心理需求。尽管生存和生产需求会因技术革新而发生变化，但心理需求始终与民族和家庭需求相辅相成。应该看到，近代西方对中国社会的影响和挑战已经持续了一个多世纪。尽管中国社会发生了重大变化，但作为中国文化一部分的中国人的心理需求却始终没有改变。中国传统文化虽然适应了现代社会，但其基本内涵并没有丢失。

第三章　新时期校园体育文化的建设与延伸

校园文化代表着校园所特有的物质、组织、智力、行为和其他方面的各种便利条件，它是在以教师和学生为主体的学校环境中，由教师、学生和教职员工在教学、科研、行政管理、生产、住宿和休闲等各个领域共同努力创造出来的，塑造并促进了学生的健康发展和学校环境的改善。同时，家庭和社区在塑造学校体育文化方面也发挥着重要作用。本章旨在阐述和分析学校体育文化的发展和传播过程。

第一节　校园体育文化综述

一、校园文化与校园体育文化的概念

校园体育文化是大学内部特定的校园体育文化，主要以教职工和学生的参与为核心，以体育活动为媒介，以体育运动和体育项目为主要内容，以具有学校精神的团队文化为主要特征。

二、校园体育文化的结构

校园体育文化不仅包括体育设施、体育活动、体育赛事等表层内容，也包括体育规则、体育制度等中层内容，还包括体育观念、体育信仰、体育伦理、体育道义等深层内容。

（一）物质文化

校园体育的物质文化以体育运动设施等有形形式表现出来，构成校园独特的文化景观。物质文化是体育文化的客观前提和保障，包括体育设施、体育器材和体育教练员等。

（二）制度文化

制度文化是校园体育的一般形式，包括其组织、政治、制度和立法等内容。它介于物质文化和精神文化之间，使校园体育文化得以发展。大学体育的制度与实践是大学体育组织形式和体育精神的体现，包括体育教学、课外体育活动、体育科研、运动队管理、体育组织和业余体育竞赛等所有制度与实践的发展。

（三）精神文化

体育道德包括支撑学生体育文化并确定其宗旨的体育与健康价值观，如体育价值观、体育美学、体育哲学、体育思想和体育心理学。这些内容构成学生体育文化的"大纲"。

三、校园体育文化的功能

（一）健身功能

校园体育文化是学校特有的文化现象，学校体育的发展对提高学生健康水平具有重要作用。体育锻炼不仅能发展学生的中枢神经系统，还能提高记忆力和智力水平。体育活动能促进血液循环，改善心脏功能和呼吸系统。总之，让学生参加体育活动，有助于他们增强体质，为今后的学习和工作打下坚实的基础。[1]

（二）娱乐功能

校园体育文化是学生生活不可或缺的一部分。经过一天的学习，适度运动有助于缓解疲劳和紧张，恢复体力和脑力，保持学习所需的精力和情绪。学生可以参加体育和娱乐活动，如舞蹈、健美操和球类运动。这些文娱活动丰富了学生的生活，发展了学生的体育文化。

（三）审美功能

美学是人类发展的一个重要因素。丰富多彩的体育文化，能让人们发现、欣赏、体验和创造体育活动之美，消除学生的情感隔阂，提高学生的心理健康水平。健康、多元的校园体育文化还能为学生提供展现特长、不断创新的平台，为他们提供丰富、刺激的体验，帮助他们了解美的标准，使他们成为"爱美"的人。

---

[1] 纪本平. 新时期体育文化的传播与多元发展探索 [M]. 北京：中国书籍出版社，2023.

四、校园体育文化建设概况

校园体育文化包括物质体育文化、制度体育文化和精神体育文化。下面将从这三个角度分析中国校园体育文化建设的基本情况。

（一）校园体育物质文化建设概况

1. 体育经费

充足的体育经费是发展体育文化的必要条件和经济保障。中国的体育经费主要是根据学校体育发展的具体需要而设立的，主要用于体育设施的建设和改造，体育用品、体育文献、音像资料、体育服装的购置和维护，以及体育赛事的组织等。

2. 体育场地设施

虽然学生人数在不断增加，但学校体育设施的供应相对有限，这意味着人均使用体育设施的机会有限。这对学校体育教育的组织和实施，以及课外体育活动的开展产生了较大的影响。此外，一些体育中心在非工作时间不向学生开放，这意味着学生的课外体育活动需求得不到满足。

3. 体育运动器材

随着学校主管部门对体育设施建设的重视和资金投入的增加，其体育设施和器材逐渐完善，尤其是满足了体育教学的需要。然而，由于缺乏资金和体育设施，一些学校无法培养学生课外体育锻炼的热情，不能满足学生的体育教育需求。

（二）校园体育制度文化建设概况

1. 体育制度

在体育制度建设和体育文化建设方面，中国学校比较重视学生体质测试和体育竞赛的开展，这主要是相关部门的支持，而对体育规则、奖惩机制等人的制度建设重视不够。此外，学生体育规则文明制度和学生文娱活动制度的建设往往不够完善，严重影响了文娱活动的有效开展。

2. 体育管理体制

传统的学校体育管理制度对学生施加了许多限制，对他们的体育热情造成了负面影响，阻碍了他们全面发展。在一些学校中，课外体育活动流于表面，大规模、有组织的体育活动更是少之又少。此外，学校体育组织大多由学生自发创建，但由于缺乏完善的管理制度，体育组织管理薄弱，效果不佳。因此，有必要进一步完善和发展学校的管理制度。

(三)校园体育精神文化建设概况

1. 体育观念

许多学生并没有充分理解体育,因为他们没有考虑到体育更深层次的价值,如体育的情感价值、人格塑造价值和道德教育价值,没有理解和领会这些更深层次的价值和意义。

2. 体育风尚

校园应该充满活力、积极向上、朝气蓬勃,充满大胆的行动和创新。体育精神和体育文化,特别是体育道德和道义,可以为理想的校园环境创设做出贡献。然而,由于学生缺乏体育精神,不积极参加体育活动,没有养成良好的体育习惯,体育精神在学校中并不普遍,也不稳定。

以上分析,有助于更好地认识中国学校体育文化建设中存在的问题和不足,解决现实中存在的矛盾,为促进和指导学校体育文化的建设和发展提供客观依据。

第二节 校园体育文化的建设与发展路径

新时代,体育文化的内容和形式必须更加丰富、更加多样,理念更加新颖,努力结合新时代背景,以多种方式营造更加民主、开放、创新的体育文化环境。下面就来谈谈应该如何做。

一、阳光体育视角下校园体育文化的建设与发展路径

(一)阳光体育概述

1. 阳光体育的概念

阳光体育运动是党和国家在新的历史时期,为适应社会和体育文化的快速发展而提出的一项促进中国青少年健康成长的国策,是对体育教育理念的全面创新发展。它确立了"健康第一"的指导思想,旨在鼓励青少年积极参加校内外体育锻炼,增强体质,通过体育锻炼提高学生身心健康水平,为终身体育打下基础。

2. 阳光体育的功能

新时代阳光体育的使命和价值在于促进学生全面发展。作为促进学生全面发展的重要手段,阳光体育鼓励青少年通过积极的体育锻炼提高身体素质,培养健康的思想意识,为全面发展奠定基础。这就决定了阳光体育的一个重要功能就是培养青少年健康的体魄

和心理。

阳光体育运动有目的、有计划地组织和引导青少年学生参加体育锻炼，帮助他们了解体育锻炼的重要性，学习更多运动背后的科学知识，体验运动的乐趣，从而逐渐养成健康的体魄和良好的生活习惯。这对他们的一生都有帮助。学校的体育运动应具有健康、教育、社区、社会和文化的功能。

3.阳光体育的理念

（1）"健康第一"理念

阳光体育运动本着"健康第一"的原则，注重促进青少年的身体健康和全面发展。如今，健康越来越被认为是整体性的，健康教育也在全世界普及。中国根据世界卫生组织（WHO）提出的健康理念，将"健康第一"的原则融入教育之中。

在当今中国，学校体育的一个重要指导思想是"健康第一"，而搞好体育的关键是推进学校阳光体育运动。体育教育应系统地贯彻"健康第一"的理念，提高体育教育的实效性，并注意以下几点。

①培养体育教师的教学技能和能力。

②加强体育、健康和美育的融合。

③开展当今学习者背景下的体育教育。

④将技术培训纳入健康教育。

⑤组织丰富多彩的课外体育活动。

（2）"终身体育"理念

在中国广泛开展体育运动，不仅是为了增强青少年学生的体质，更重要的是倡导积极的健康态度和形成终身体育锻炼的习惯。因此，学校体育应能提高学生的体育意识，并使其终身受益。

终身体育是人们终身参加体育活动和运动的过程。它包括四个主要部分和若干子部分：人口、场所、习惯养成和运动潜能。人口部分包括学生这一重要元素，学生是终身学习重要的目标群体之一。

终身体育与学校体育密切相关，有许多共同特点。

第一，以育人为目标。

第二，以身体锻炼为手段。

第三，以学习掌握体育知识和方法、提高运动能力为任务。

终身体育应与学校体育相结合，旨在培养学生的终身体育意识和能力。

①提高学生对终身体育锻炼必要性的认识，有机会了解体育锻炼在生活中的重要性。

②改善学校场地和设施，鼓励儿童参加体育活动，并在课余时间提供丰富多彩的体

育活动。

③改进体育课程内容。

④组织终身体育活动。

(二)阳光体育对校园体育文化建设与发展的影响

1. 阳光体育的深邃内涵促进校园体育文化建设与发展

学生有着追求健康生活方式的强烈愿望，这种愿望通过阳光下的运动得以实现。体育运动具有重要的社会价值，这在阳光体育运动中得到了体现。阳光体育运动代表着"阳光"，散发着活力，表达着对学生发展的希望，对学生的个人成长和自尊至关重要。

阳光体育的内涵丰富而深刻，充分体现着健康、发展等重要特征。随着田径运动的不断拓展，田径运动的意义不断丰富和完善，校园体育文化内涵得以拓展，促进了学生健康，体系得到完善。尤其明显地体现在校园体育文化体系结构日趋合理，运行日趋顺畅，学生全面发展的目标得到有效实现。

2. 阳光体育的特殊功能助推校园体育文化建设与发展

提高身体素质、心理健康和个人幸福感是阳光体育运动的主要目标之一，并融入了"健康第一"的教育理念。通过参与体育活动，学生们领悟到了体育的魅力，理解了体育的目的和重要性。随着体验和理解的加深，体育活动不断丰富，人文精神发生转变，并以全新的方式成为学校体育文化的一部分，促进校园体育文化发展。良好的校园体育文化氛围，提高了学生主动、自愿参与阳光体育运动的热情，有利于培养学生良好的体育习惯。阳光体育运动发挥了重要作用，是建设和发展校园体育文化的重要手段。

3. 阳光体育的多样性从不同层面充实与完善校园体育文化体系

体育文化建设有助于建立和发展校园体育文化体系，提高学生的体育技能，促进学生的身心健康。为了满足学生的发展需求，学校应在校园中建立多样化的体育文化体系，对不同体能和运动能力水平的学生产生积极影响。作为一个综合体系，"阳光体育"包括丰富的内容、多样的项目和形式，为不同能力和体能水平的学生提供广泛的机会，具有明确的普遍性，能够充分实现该计划的使命和价值。阳光体育运动包括丰富的文化内容，丰富和发展了校园体育文化体系，促进了校园体育文化的发展。

(三)阳光体育视角下校园体育文化建设与发展的策略

1. 重视资金投入

在体育文化体系中，体育器材文化是满足学生体育需求、体育科研需求、体育教学需求的基础，为充分、全面地挖掘体育器材资源潜力，这就需要进一步加大对体育运动中体育文化建设基础管理资金的投入。高校体育文化建设资金主要来源于公共财政。在财力有限的情况下，学校需要统筹预算和规划，进行目标分析和预测，有效利用资源。学校体育管理者必须对高水平体育文化的建设进行长远规划，注重体育设施的建设、维护、开发和合理使用，科学分配资源，确保有备无患。

如果学校没有足够的财力发展体育运动，就应该寻找新的资金来源，并注意不要把所有的体育教育经费都用在体育场馆的建设上，从而限制学校体育的全面发展。这一问题应在项目框架内加以解决和研究。大中小学体育文化的发展是一项重要的工程，应循序渐进、有计划地进行，不追求速度，不忽视质量，不因不必要的细节而降低效率。

2. 挖掘人才，培育人力资源

在新时期，高校体育文化建设与发展人才的缺乏是阻碍学校体育文化发展的主要因素之一。在这种情况下，学校应该利用自身的师资等人才，建立一支体育文化发展领域的专家队伍，吸引主要领导来发展学校体育文化。

首先，它激活了领导者在建设校园体育文化中的自主性和积极性，并认识到领导者在建设学校体育系统和组织文化中的重要作用。

其次，体育教师和专业教练员要善于利用自身的专业能力，在校园中推广体育文化，提高学生的体育技能，增强校园体育文化建设的专业性。

最后，必须充分认识到校医的作用，利用他们的技能对学生进行安全和自卫教育，并在校园内推广健康的体育活动文化。

3. 丰富体育环境的精神内涵

学校应加强校园精神文化建设，为体育发展营造特殊的环境，使校园体育环境具有实际意义、深刻的连贯性和审美价值，促进重要功能的充分实现。学校应评估校园体育文化与地方传统文化和社会主流文化的契合度，在契合度的基础上改善校园体育环境，强调体育环境的精神意义，赋予体育环境以精神文化意义，确保体育文化教育功能的充分实现。

例如，建立体育阅览室，配备体育图书、报纸、杂志等，并不断更新，帮助体育爱好者了解更多的体育知识，开阔视野，营造良好的氛围，让学生在这样的环境中发展思想和灵魂。校园体育设施的建立有助于文化意义上的体育发展。智力意义上的体育设施有助于学生利用和领会体育的历史、体育的魅力和体育文化的进程，对体育的历史、体育的魅力和体育文化有深刻的感悟，形成令人钦佩的竞争、竞技和合作的体育精神。

4. 举办丰富多彩的校园体育文化活动

体育活动的需求不足与学校体育活动较少、学生体育时间较少有关。为了激发学生的体育兴趣，弘扬体育文化，满足学生的体育需求，丰富学生的课余生活，学校应注重组织丰富多彩的体育文化活动，营造风清气正、朝气蓬勃、积极向上的体育文化氛围，调动学生参与的积极性。

体育俱乐部和协会是校园体育文化的重要组成部分。学校应鼓励和支持学生组建体育俱乐部，发展他们的体育技能，提高他们的组织和领导能力，并在塑造校园体育文化方面发挥重要作用。体育组织举办的体育文化活动非常有效和有吸引力，可以推动许多学生积极参与。

校园体育文化或多或少具有一定的开放性，校园体育活动的组织不应局限于大学校园，而应将大学与非大学的体育文化有机地结合起来。也可以组织校外体育文化活动，如定向越野、户外生存等。校外体育文化活动应面向全校学生，而不仅仅是运动员，确保尽可能多的学生参与到体育文化活动中来，体验户外运动的快感，与大自然沟通，让身心得到满足，释放压力，发展情感，净化心灵，提升精神世界，锻炼实践能力，实现全面成长和治愈，鼓励、教育、分享经验，互相帮助。

二、全面发展视角下校园体育文化建设与发展的路径

（一）马克思主义人的全面发展的内涵

人们可以追求许多不同的目标，但最可持续的目标之一是全面发展，这也是一个永恒的目标。各个时代、各种文化的研究者都在不断探讨人的发展问题，在漫长的研究历史中形成了各种理论和方法，其中马克思人的全面发展理论最具代表性、最有影响力，也最有效。马克思关于人的发展的整体理论非常广泛，包括哲学、政治经济学和科学社会主义等不同视角。马克思关于人的全面发展的思想方法充分体现在他的著作中。马克思主义认为，人的全面发展是指人的各个方面和谐发展，包括人的需要的发展、人的素质的发展、人的个性的发展和社会关系的发展。各方面的发展是历史的必然。综观人类历史，人的发展总是一脉相承的，逐步实现全面发展，而不是某一方面的发展。

马克思主义与人类发展的关系可以从四个方面来解释。

1. 人的需要的全面发展

马克思认为，随着人类文明的发展，人们的需求越来越多。生存需要是人类重要的需要，人们主要通过社会交往和实践活动来满足生存需要。人们通过实践活动满足生存需要的同时，又会产生新的需要，以新的方式满足新的需要，并再次产生新的需要。人们的需求越来越多，并在满足需求的过程中不断发展壮大。人类进步和发展的主要动力是人类与生俱来的需求。社会发展的重要特征之一就是不断满足人的合理需求。

在社会劳动生产率低下、生产和社会生存所需资源十分有限的历史时期，生存欲望

是人类最基本、最原始的需求。在资本主义社会化大生产时期，人的物质生活有了很大改善，但精神上的缺失依然存在。虽然精神需求逐渐出现，但人的精神需求要经过很长一段时间才能得到充分激活和满足。总之，人的需求是在社会的作用下发展起来的，新需求的出现和满足促进了人的全面发展。因此，人的需要的全面发展是人的全面发展的重要组成部分和表现形式。[①]

2. 人的素质的全面发展

人的素质指的是人的能力。在人的能力全面发展中，具体包括下列几方面的能力。

（1）自然力和社会能力

我们与生俱来的欲望和能力是人类与生俱来的财富。社交能力是一种终身习得的社交技能。

（2）体力和智力

人的体力和脑力是能量系统中最基本、最重要的要素。马克思认为，人与动物有许多不同之处，但最基本的不同之处在于人类生产劳动，以及自然与社会二元世界的出现。人类基本的存在形式是劳动。人通过劳动改造客观世界，从而改造自身。人类文明的发展和进步是劳动的结果，如果人脱离了劳动，人的发展就会被扭曲和变形。因此，人的全面发展必然意味着包括劳动能力在内的人的各种能力的全面发展。

（3）潜力和现实能力

潜力是尚未应用和使用的潜在知识，实际知识是已经应用的知识。个人不仅要充分利用和不断发展自己的实际能力，还要在发展过程中将潜在能力转化为实际能力，从而促进能力的全面发展，实现全人发展。

3. 人的本质的全面发展

人类社会关系的复合体就是人的本质，因此，人类社会关系的复合发展就是人的本质的复合发展，人的复合发展意味着人的本质的复合发展，人类社会关系的复合发展过程也就是人自身的复合发展过程，人的复合发展由只受其影响的关系构成。

随着社会生产力的提高，人们的社会关系也变得更加丰富、复杂和苛刻。反过来，社会关系的多样性也有助于社会生产力和社会的发展。社会关系的多样性使人们能够跨越地域，与更多的人交往和合作，与世界接轨，广泛而多样地发展，以不同的方式创造人类发展的潜力。

4. 人的个性的全面发展

青少年自由个性的充分实现是其所有发展达到最终完整发展的基础。个性是人的个人表现，也是人区别于其他人的重要特征。每个人都是与众不同的独特个体，都有自己

---

① 苏海永. 新时期校园体育文化体系的建设与发展研究 [M]. 北京：北京燕山出版社, 2023.

的个性，包括兴趣、爱好、性格、能力和气质。这些个人特征（个性）反映了一个人的主观性和独特性。

人的能动性，又称人的自主性，主要体现在人们的社会行为中。在社会活动中，人们尽可能地发挥其自主性。自主意味着不受控制或胁迫的独立选择、决策、适应和自由发展。

人的独特性也是不同社区的人之间的差异。每个人都是不同的，正是这些不同，让人际关系变得更有意义。

（二）校园体育文化促进学生全面发展

1. 增强体质

中国学生的体质健康状况不容乐观，很多人对体育与健康的关注度不高，没有养成良好的锻炼习惯。要形成良好的校园体育文化，必须加强新时期体育教学改革，切实提高体育教学质量。同时，要确保体育强校的推进，确保学生在校园内有体育锻炼的时间，确保人人有计划、人人有器材、人人参与的校园体育文化环境，确保学生身体素质的提高，为学生的全面发展奠定基础。

2. 发展智力

经常性的体育活动能为学生的大脑提供充足的能量和氧气，促进大脑神经细胞的充分发育，增强大脑皮层细胞的力量、平衡和灵活性，不断改善和提高人的智力。校园体育活动能使学生主动放松，缓解大脑疲劳，提高工作能力，从而大大提高学生的思维能力、想象力、注意力和记忆力，提高智力水平。

3. 提高人际交往能力

激烈的社会竞争使一些学生害怕与人交往，喜欢把自己封闭起来，与世隔绝，逐渐丧失了与人交流的愿望和能力。这与社会的需要是背道而驰的。社会要进步，需要善于与人沟通的人，需要懂得与人交往的人，需要用智慧和集体的力量解决问题的人。因此，学校应努力培养学生的交往能力。体育活动为学生提供了锻炼人际交往能力的机会。通过参加团队运动、与他人交往、合作开展项目，学生可以锻炼和培养自己的人际交往能力，为将来融入社会打下基础。

4. 培养创新能力

校园体育文化丰富多彩，充满创造力、探索精神和成长精神，培养创造灵感。一些校园体育项目要求参与者锻炼思维，培养思考能力，阐述或创造新的行动方案。此外，校园体育文化在培养学生的动机、兴趣、情感、意志力和个性等非智力因素方面也发挥着重要作用，可以促进学生创新意识的形成和创新潜能的开发，从而促进学生的全面发展。

(三)全面发展视角下校园体育文化建设与发展的策略

1. 构建促进学生全面发展的校园体育文化

在文化实力方面，中国注重体育文化建设，加强体育文化发展，在全球体育对话中增强自身实力，提升体育实力和文化软实力，提高国家整体发展水平。学校体育文化是国家体育文化的重要组成部分，学生应将自身的发展与国家的前途和人生历程紧密联系起来，充分认识到自己作为社会主义继承者的重要作用和责任。在学校体育文化建设中，人们要努力促进学生全面发展，培养社会需要的人才，让学生为国家未来的繁荣富强贡献力量。

2. 构建严谨的校园体育文化

要建立和发展学校体育文化，首先要遵循理解原则，在科学、先进的教育理念指导下建立学校体育文化，按照合理的教育理念完善体育管理制度，注重管理的科学化和人性化，提高管理效率。同时，还要注意建立严谨的学风和校风。校园体育文化体现了现代教育理念，对体育发展影响很大。因此，学校应根据全面发展、有效育人的教育理念，建立科学合理的体育文化制度，培养良好的校风和学风，使学生在健康的环境中均衡发展。

3. 构建和谐的校园体育文化

校园体育文化建设还必须强调和谐的重要性，因为学生的全面发展意味着各方面能力的和谐发展，成为和谐的个体。为此，校园体育文化建设需要将道德文化、审美文化、精神文化与体育文化有机结合，将其他文化融入体育文化，开发大学丰富多样的文化资源，最后将体育科学与伦理融入学校。建设和发展体育文化至关重要。

三、"互联网+"视角下校园体育文化建设与发展的路径

(一)解读"互联网+"

"互联网+"代表了一种新的经济社会发展方式，它源于信息能源的特性、与传统产业深度融合的能力、互联网业态的演进和信息社会2.0创新的影响。"互联网+"技术将经济社会管理与信息资源、快速变革、活跃生产要素、应用技术创新、促进更高效管理等融合在一起，不仅仅是互联网与传统产业的结合，而是通过网络和信息通信技术平台，实现互联网与传统产业的深度融合，创造新的发展生态系统。"连接一切"是互联网的重要功能。它能够连接不同层面的人和物，打破信息孤岛，创造新的生态模式，形成新的社会价值。

"互联网+"项目将使学校体育从封闭的文化转变为更广泛、更开放的文化。该计划

将提供更好的资源和更广阔的平台,在校园中创建体育文化。

(二)"互联网+"背景下校园体育文化建设与发展的要点

1. 放眼未来,大胆革新

体育文化是学校高度重视的文化发展的一个方面。学校应顺应时代潮流,建立符合社会需求的校园体育文化,完善未来校园体育文化体系,通过建立校园体育文化促进学生健康发展和全面发展,为学生的长远发展奠定良好的基础。理念要落到实处。

在互联网时代,互联网技术的出现促进了传统产业的更新与创新,彰显了传统产业的实力与价值。在互联网学校体育文化建设过程中,我们应高瞻远瞩,积极进取,改革创新体育文化发展方式,推动学校体育文化有新的发展。

2. 依靠互联网,建立通畅、便捷的信息渠道

在学校中,体育教学常常是按照传统的教学方法组织的,教师很难及时、准确、全面地了解学生的学习需求。特别是教师与学生之间沟通渠道不畅,学生无法及时联系到相关教师或组织。在互联网时代,我们可以依托互联网平台,快速、畅通地建立学校与学生、教师与学生之间的沟通渠道,促进学校体育文化建设,使建设过程中的沟通、反馈和信息交流非常快捷,大大提高体育文化建设效率。

利用互联网,教师和学生可以建立一个交流组织,让教师尽早发现学生的学习需求,尽早做出反馈。学校还可以建立大数据平台,研究分析学生的学习需求、体育需求,营造体育文化氛围。同时,学校可以利用微博、微信等社交平台,探究学生对学校体育文化的意见和满意度,解决学生的问题,提高体育文化的针对性和实效性。

3. 弥补不足,融合互联网文化

高校体育文化的发展面临诸多尚未解决的问题,如体育设施缺乏、体育活动匮乏、学生参与度低等。随着互联网技术的发展及其在体育领域的深入渗透和广泛应用,学校应首先改善体育基础设施条件,完善体育物质文化环境,在良好的基础设施基础上引入其他方面的体育文化。

短视频和流媒体平台为体育爱好者提供了便捷的互动交流平台。学校还可以利用互联网技术和新的传播平台推广体育文化。利用现代技术和合适的平台推广体育文化,可以提高学校体育文化的传播力和影响力,使学生快速获取体育文化的相关信息,积极参与文化活动。

此外,要利用互联网技术和各种平台推动学校体育文化建设,重视民族传统体育文化的弘扬和发展,促进民族传统体育文化与西方竞技体育文化、现代新型体育文化的交流与融合,进一步丰富学校体育文化,打造学校体育文化建设的新范式。

(三)"互联网+"背景下校园体育文化建设与发展的策略

1. 培养学生的体育理念

学校体育教育理念的传播和发展,以及学生体育文化的形成,都是通过学校体育教育来实现的,学校体育教育对学生体育文化的发展和提高有着直接的影响。因此,学校体育教育不仅要重视体育教育的形式,更要重视体育教育的实践,强调教育实践的灵活性和创新性。

在体育教育方面,我们应将其重点放在优化体育教育环境、改进课程设置、提高体育教师能力、增强学生对终身体育活动的认识和体质、形成循序渐进的体育教育和健康方法、培养积极的和预防性的体育能力,以及主动参与体育活动和促进体育教育上。

2. 加大资金投入,夯实校园体育文化建设的经济基础

校园体育文化有序发展和学生体育制度科学构建,与拥有坚实的经济基础密不可分,而学生体育经济基础薄弱与学生体育需求不断增长是学校体育文化发展壮大的矛盾障碍。要克服这一矛盾,促进学校体育文化发展壮大,学校就必须加大对这一领域的投入,优化体育设施的物质环境,为学校开展丰富多彩的体育文化活动提供物力支持,改善体育设施条件,满足学生体育需求,调动学生参与文体活动的积极性,逐步让更多的学生从体育文化中受益。

3. 拓展与创新校园体育文化活动的内容与形式

互联网中有关校园体育文化的信息越来越多。由于学生对传统的体育文化活动兴趣降低,因此有必要对校园体育文化活动的内容和形式进行拓展和改革。校园体育文化活动的更新和扩展包括引入有趣的体育运动会和大众社交活动,以及将这些创新活动纳入校园体育文化节。这些活动不仅要有趣味性,还要有足够的激励性,以鼓舞学生的士气。此外,将草根体育、户外运动等体育活动融入校园体育文化,通过现代流行的体育文化刺激学生的情绪和神经,让学生在参与中获得新的体验和情感。这对于丰富校园体育文化、提高学生身体素质具有十分重要的意义。

4. 培育具有特色的校园体育组织

学校体育组织是促进校园体育文化建设的重要工具。由于学生的体育兴趣和能力参差不齐,校内可以成立不同的体育组织和俱乐部,以满足不同学生的体育需求。学校在建立校园体育组织时,要结合体育经费、体育设施、体育管理资源、体育传统和体育特色等条件,因地制宜地设计本土化的体育组织,更好地满足学生的个性化需求,丰富学生的课余生活,营造良好的体育文化氛围。

5. 创建互联网平台,强化校企合作

在互联网时代,人们的生活与信息技术息息相关。互联网上有各种信息,人们可以

更快地获取信息，跟上社会动态发展趋势，应对社会发展变化要求。此外，互联网技术的发展和各种形式的网络信息在校园出现，促进了学校信息化的发展，为建设智慧校园创造了良好的技术条件和网络平台。例如，微信等平台作为学校体育文化的官方传播平台，为体育文化的传播和作用发挥提供了良好的渠道。在这一领域取得巨大成就的学校也更加重视体育文化建设，积极与可靠的社会企业合作，通过校企合作的方式创造和完善学校体育文化的推广途径。

6.加强对校园体育文化建设的统筹管理

在互联网时代，学校体育的信息量不仅巨大，而且迅速增加。学校应加大体育文化建设力度。特别是要建设开放的校园体育文化，打破传统的僵化模式，加强对校园体育文化的严格管理和控制，因地制宜，灵活多变。在管理过程中，要建立科学有效的管理体制，强调"统筹规划、层次分明、责任清晰、职能分工明确"等管理体制的特点，坚定不移地制定和实施符合本校实际情况的体育规则。相关部门应相互配合、相互作用，提高体育发展体系的有效性。安全管理是学校体育文化管理的关键，学校要建立压力管理机制，防止突发事件的发生，保障学生安全。

7.创建品牌，走向国际

学校体育文化是一种开放的文化。学校应利用这一特点，将其他文化融入体育文化建设中，在借鉴国内外校园体育文化经验和成果的同时，形成自身体育文化特色，打造文化品牌、文化名片，将优秀的体育文化推广到全国各地，积极弘扬中华优秀传统体育文化，拓展体育文化的传播渠道和发展空间。

第三节 校园体育文化建设的延伸与拓展

校园体育文化的建设应扩展到周边地区和事物，涵盖各种体育运动，包括家庭体育和社区体育。

一、家庭体育与社区体育概述

（一）家庭体育概述

1.家庭体育的概念

家庭体育是一种教育过程和文化活动，一个或多个家庭成员自愿或经其同意参与其中。体育运动有助于人们获得基本的体育知识和技能，培养爱好和兴趣，丰富家庭生活，组织娱乐活动，增强体质和促进家庭稳定。这是他们重要的实现自身发展的工具。

2. 家庭体育的特征

（1）普遍性与群众性

家庭是社会的基本单位，随着家庭传统和现代生活方式的发展，家庭体育已成为一项重要的娱乐活动。家庭体育在中国全民健身体系建设中发挥着重要作用，利用中国独特的优势，调动家庭及其成员参与体育活动的积极性，成为一种不同于其他任何群众行为的普遍行为。家庭体育集亲情和健身的优势于一身，使家庭成为适合、理想的体育组织形式。现代社会，人们越来越重视健康的体育运动，家庭体育无疑是重要的手段和方法之一，也是较受欢迎的群众行为形式。

（2）丰富性与灵活性

家庭体育是一系列日常活动的组合，它可以让家人一起运动、放松和共度时光。从早晚散步到郊游和娱乐旅行，从体操和体育教育到体育比赛和娱乐活动，从球类运动到各种体育游戏，从儿童和青少年的游戏到老年人的传统体育活动，所有这些都是家庭体育的一部分，可见家庭体育的内容是丰富多彩的。家庭体育是家庭内部的团队运动，每个家庭成员都可以主动、负责地参与家庭体育。家庭成员可以利用空闲时间，定期、自觉、有计划地参加自己喜欢和擅长的体育活动，通过体育运动和健康积极的休闲方式，丰富业余生活，满足情感和社会需求。

（3）自由性

家庭体育是一种相对自由的锻炼方式，这种自由往往体现在灵活的时间安排上。家庭体育可以在任何时间进行，由家庭和个人自行决定。例如，可以在节假日进行，也可以在闲暇时作为简单的锻炼。

（4）随意性

家庭体育运动可以随时随地进行，不受空间或设备的限制。任何空间，如广场或操场，都可以用来开展家庭体育运动，弥补公共体育设施的不足。例如，运动员可以因地制宜地利用自家后院和家庭环境开展家庭体育运动，既解决了体育设施缺乏的问题，又达到了锻炼身体的目的，促进了社会基层体育的发展，产生了积极的影响，为中国的体育文化发展做出了贡献，对整个中华民族的体育文化建设都能起到一定的积极作用。

（5）全面性

家庭体育影响的全面性意味着它具有其他体育运动所不具备的时间灵活、内容丰富和资源丰富的特点。在家庭体育中，家庭成员可以抒发情感，实现健身、娱乐、休闲和社交目标，在无压力的环境中体验自由、放松和乐趣。这不仅满足了家庭成员身心发展的需要，也促进了家庭的稳定发展和社区、社会的和谐。

（6）终身性

在当今发达的社会和文化中，人们越来越意识到终身学习、教育和培训的重要性。体育运动也是如此，它在增强人们的体质和健康方面发挥着非常重要的作用。

3. 家庭体育的功能

（1）一般功能

家庭体育有一个共同点：它既是一项个人活动，也是一项社会活动。

家庭体育的个人活动特点主要体现在以下几个方面：锻炼身体，提高人们生活质量，促进精神发展。参加家庭体育运动，不仅能增强个人体质，为人的智力发展提供良好的基础，还能通过体育锻炼增强人的意志，培养良好的道德品质。

家庭体育的社会活动使命是加强社会凝聚力，为社会物质和精神文化做贡献，为社会和谐发展做贡献。

（2）特殊功能

家庭体育具有以下特点：过健康生活的能力；丰富市民的业余生活；促进家庭凝聚力；为提高全民身体素质和发展终身体育活动做出贡献。

（二）社区体育概述

1. 社区体育的概念

社区体育是指全体居民积极参与，以自然环境和各种体育设施为资源，提高当地居民的身心健康水平，满足当地居民多样化的体育需求，促进当地居民发展和当地特色融合，尊重体育本土化原则的一种体育活动形式。

2. 社区体育的分类

（1）根据活动空间进行分类

根据活动空间社区体育分为庭院体育、公园体育、广场体育、公共体育场所体育和其他场所（空地、广场、江河湖畔等）体育五类。还可以分为室内体育和户外体育。

（2）根据参与人群进行分类

根据参与者的类型，社区体育可分为六类：儿童体育、学生体育、工人体育、老年人体育、特殊群体体育和行动不便者体育。

（3）根据参与主体的群体规模大小进行分类

根据参与群体的大小，社区体育可分为五类：个人体育、家庭体育、社区体育（住宅、花园、胡同）、社区体育（居委会）和社区体育（街道办事处）。社区体育是面向家庭、住宅（胡同）、居委会和街道的体育，个人、家庭、邻居、居委会和街道都可以参加不同级别的体育活动和比赛。

（4）根据组织类型进行分类

根据组织类型的不同，体育协会可分为志愿和非志愿体育协会以及公共机构管理的体育协会。幼儿园、市政组织和市政体育协会是独立和自由的体育社团。地区体育中心、地区体育协会和街头体育俱乐部是由公共机构管理的地区体育组织。

（5）根据活动时间进行分类

根据活动时间的不同，社区体育可分为三类：日常体育（上午和下午的训练）、常规体育（俱乐部活动）和假日体育（节日、周末、寒暑假）。

（6）根据消费类型进行分类

体育企业按消费类型可分为三类：福利型、人文关怀型和盈利型。在富裕社会中，体育活动的对象通常是老人、儿童、残疾人、穷人、特权阶层和其他边缘群体。以人类享受和利益为目的的体育活动通常面向所有社会成员。以盈利为目的的体育活动通常以中等收入者和公共部门雇员为对象。

3.社区体育的构成要素

社区体育由六个主要部分组成。它们是：基层体育的所有组成部分、基层体育组织、基层体育资金和设施、基层体育教练和管理者以及个人参与基层体育。任海使用图 3-1 来说明基层体育六个组成部分之间的关系。

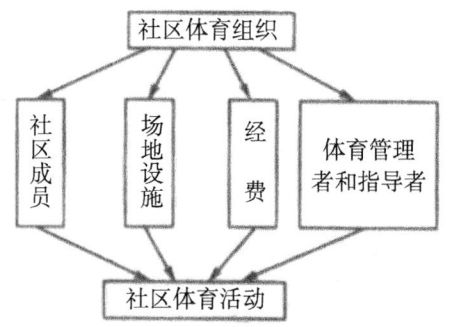

图 3-1 社区体育六大构成要素之间的关系

二、校园体育与家庭体育及社区体育的关系

（一）校园体育与家庭体育的关系

1.校园体育对家庭体育的作用

（1）校园体育为家庭体育奠定了良好基础

校园体育主要在小学阶段开展，校园是学生在校活动的主要场所。随着学校教育的发展和改革，课外活动越来越丰富多彩。校园体育是提高学生身体素质、促进身心

发展、增强体质，以及提供家庭体育所需的基本知识、技能和体育教育的重要手段。

（2）校园体育为家庭体育提供了重要的物质保障

校园体育可以为发展家庭体育提供技术咨询和设施。目前，家庭体育的器材和设施缺乏，体育管理不够专业，参与率不高。改变现状的有效途径是依托学校资源，充分发挥体育教师和学校体育设施的引领作用，有效利用学校体育设施，推动学校体育发展，进而开展高质量的家庭体育活动。

（3）校园体育进一步增强了家庭体育的活力

在家庭中推广体育运动有助于发展地方体育运动并增强其活力。随着改革开放的深入，人们的物质文化生活日益丰富，体育运动也得到了发展。学生已经具备一定的体育知识，知道如何进行体育运动。他们在家庭中承担起体育活动的组织者和领导者的角色，掌握了一整套体育技能，可以利用体育课上学到的知识开展家庭体育活动，从而为家庭体育的发展和活力的增强做出贡献。

2.家庭体育对校园体育的作用

（1）家庭体育为校园体育提供支持

家庭体育的发展是校园体育建设的基础。校园体育与家庭的参与和支持密不可分，学校和家庭共同承担着学生身心健康的责任。家庭体育的发展受制于家长对体育运动的重视程度和对子女职业培训的参与程度。家长的健身观念和习惯具有感染力，是子女的榜样。

（2）家庭体育是校园体育的重要补充

家庭体育是对校园体育发展的补充和支持。学生参与家庭体育可以弥补校园体育的不足，有助于形成注重身心健康的学校和家庭模式。家庭体育具有精细和快速发展、继承性、游戏性和掠夺性的特点，无疑会对学校体育的发展起到促进作用。体育融入家庭生活是人们生活中不可或缺的一部分，不仅是促进国家体育发展计划的重要组成部分，也是提高体育生活质量的重要组成部分。

（二）校园体育与社区体育的关系

1.校园体育对社区体育的作用

（1）能够增强社区体育的活力

积极参加地方体育运动的人群大多是儿童和青少年，他们活泼好动，充满活力，是希望和光明的曙光。学生积极参与本地体育运动，为本地体育运动注入了活力和生机，促进并增加了本地体育运动的吸引力。

（2）为社区体育提供人才

要发展社区体育，首先需要有能够科学指导人们运动的教练员和有效管理体育活动的组织者。然而，在中国地方体育俱乐部的建立中，这两类人员相对匮乏，人员的缺乏直接制约了地方体育俱乐部的发展。其他辖区可能会为地方体育发展提供工作人员，但这些工作人员的数量和质量终究有限。校区体育教师是训练有素、经验丰富的体育专业人员，聘请他们担任社区体育俱乐部的组织者和领导者，将大大促进社区体育的发展。

专业体育教师不仅包括学校的体育教师，还包括大学本科和研究生群体，这是一个庞大的人才库，可以成为社会体育发展的人才队伍。在各年级、各类学校的学生中，有许多热爱体育运动的人，他们积极参加学校组织的训练和体育比赛。有些学生在学校体育社团中发挥着重要作用。因此，对这些学生的有效引导，也是发展公共体育的重要内容，为社区体育发展提供了优秀的人才资源。

2. 社区体育对校园体育的作用

（1）能够使体育教学资源得到不断拓展

社区体育之所以成为现阶段体育文化建设的重要内容，是因为它具有根深蒂固的群众文化，具有浓郁的地方特色，对设施设备的要求不严格，容易组织集体训练，功能性很强。因此，传统草根体育项目是现阶段校园体育建设的重要内容。

（2）能够丰富学生的课余文化生活

社区体育是社会文化的一部分，与人们的生活息息相关，因此，参加社区体育的学生与参加校园体育的学生有不同的感受。参与本地体育文化，可以让学生对本地、本地区的体育文化形成积极的态度，开阔视野，提高对环境的适应能力，这对他们今后的社会生活是非常有益的。此外，当地的体育设施也方便了就近入学的学生。如果学校体育设施不足，他们可以在当地的体育设施中满足自己的体育需求。因此，市政体育设施可以方便附近学校的学生开展课外活动。

（3）有助于完善终身体育

近年来，终身体育已成为中国学校体育改革与发展的主要趋势之一。

首先，终身体育是指人们从生命的开始到结束都在从事体育运动，这意味着体育是他们生命的重要组成部分。

其次，终身体育是基于体育的科学价值，在人生的不同阶段和环境中进行体育锻炼的过程。

当地居民自始至终都可以参加体育活动。他们在学校接受系统的体育训练，但进入社区后，系统的体育训练就停止了，许多人通过社区体育继续接受体育训练。此外，与大学体育相比，社区体育的形式和内容更丰富，选择性更大，趣味性更强，因此对学生有很大的吸引力，从而增强他们终身体育锻炼的意识，帮助他们养成终身体育锻炼的良好习惯。

三、家庭体育的建设与发展

（一）家庭体育建设现状

1. 整体现状

（1）家庭体育人口结构与体育设施现状

体育人口是一个具有统计意义的社会群体，他们定期参加体育和娱乐活动，积极锻炼身体，参加体育比赛，并在特定的时间和地区与体育有着密切的关系。体育人口数量是衡量一个国家社会经济发展和基层体育发展水平的重要指标。虽然中国的运动员人数在不断增加，但经常参加体育运动的人数却远远低于其他国家。因此，有必要加强体育运动的推广力度，增加中国运动员的数量。

运动员人数不是由个人收入决定的，而是与家庭收入有关，二者往往呈正相关。三、四口人的核心家庭在运动员分布中占主导地位。随着人们对体育运动和健康生活方式需求的增长，他们对体育设施建设的需求也在增加。近年来，中国体育设施的数量和地方体育带头人的数量都在增加，这说明体育人口和体育设施数量的增长在一定程度上反映了家庭体育在中国的普及。

（2）家庭体育的项目选择现状

家庭体育活动作为一种体育锻炼和娱乐的手段，是家庭体育活动的主要目标，可以反映个人选择体育活动行为的倾向。改革开放后，随着以主旋律为基础的社会经济的发展，不同文化的选择不仅影响着人们的思想和行为，也影响着体育活动的开展，因此，传统与现代化相结合、健身与娱乐相结合、商贸旅游与体育相结合的家庭体育活动是发展的新趋势。

家庭体育项目的选择受多种因素的影响，如地理差异、气候、民族和文化传统，以及经济发展情况。一般来说，南方与北方之间、少数民族与汉族之间、欠发达地区与发达地区之间，都存在差异。总的来说，中国家庭体育活动范围仍然很广，几乎涵盖了所有类型的体育和娱乐活动。

在具体项目的选择上，中国家庭体育活动的内容有不同的发展。中国的家庭体育活动主要包括乒乓球、羽毛球和网球等小型球类运动，以及田径运动。乒乓球、羽毛球等球类项目要求较高，需要有足够的体育设施，田径项目则比较实用，费用较低，不需要大量的资金投入和专门的体育设施。

家庭体育主要是为观众提供娱乐和乐趣、运动和户外休闲、力量训练技巧、有氧阻力训练技巧、伸展运动、医疗和运动处方、营养和心理健康信息以及家庭运动器材。[①]

（3）家庭体育活动时间与空间

人的时间由两部分组成：工作时间和闲暇时间。闲暇时间的安排反映了人们的爱好、兴趣、生活方式和行为，以及社会的物质和精神发展。

拥有闲暇时间是家庭参与体育活动的保障，因为家庭体育活动往往是在闲暇时间组织的。家庭体育活动与工作量和生活节奏有一定的关系。

家庭体育设施是指供家庭成员进行各类体育活动的主要物理或活动场所。体育设施可分为自然设施和人工设施。自然设施包括山、河、湖、海、高原等，人工设施包括房屋、体育场馆、公园、广场等。由于经济条件的限制，中国人均公共体育设施和运动场地的面积相对较小。家庭体育活动主要在家里或游乐场进行。随着中国"双休日"制度和公共节假日的实行，家庭体育运动已从人工设施转向自然设施，户外运动已成为一种休闲活动。山脉、湖泊、海洋、草地和森林已成为户外运动的热门去处。

（4）家庭体育价值观念的变化

体育价值观是体育意识表现得更加明确和具体的重要领域。如果说体育意识是体育情感和智力评价的综合，那么体育价值观则是体育的社会和心理现象，它影响着个人和集体的行为，并在很大程度上形成了社会和个人对体育的基本态度。一个家庭的体育行为植根于其对体育的参与。体育价值观与体育态度之间有着密切的关系。合理、公平的体育价值观和积极、稳定的体育态度，会促使个人积极参与家庭体育活动。家庭体育价值观包括一系列价值观，如教育价值观、消费价值观、身份价值观、健康价值观、现代生活价值观、友谊价值观、社会交往价值观、精神价值观、娱乐价值观和体育道德价值观。

如今，由于人们对现代社会和体育价值观、"把钱花在健康上"的普遍共识、家庭健康的多样化、科学化支持和合理化趋势，以及对融入和包容环境的日益关注，新的价值观应运而生。

（5）家庭体育动机

动机是一个人行为基础的思想、欲望和观念，驱使他们去实现某个目标，满足某种需要。动机是支配和刺激行为的内在思想，使人能够实现一定的人生目标。

一个人做某件事的动机通常反映了他或她对这件事的态度。家庭成员参加体育活动的主要原因是必要性和价值性。家庭成员参加体育活动的动机取决于多种情况，如

---

① 赵金林.校园体育文化建设与实践探究[M].北京：中国书籍出版社，2018.

婚姻状况、身体状况、文化背景、性格类型、职业、爱好和兴趣等。常见的体育活动原因依次为保持健康、休闲、身心放松（或减压）、恢复社会关系（或社会交往）和治疗疾病。

(6) 家庭体育消费状况

体育消费是基于对体育功能作用的主观认识而产生的一种新的消费形式。它是以满足人们基本物质需求为驱动力的高级消费形式，已成为现代生活的重要组成部分。

随着生活水平的提高，人们的消费观念发生了根本变化，把钱花在健康和休闲上成为一种时尚。体育用品消费不可避免地成为人们日常生活的一部分，并成为国际发展的重要内容。体育作为一种休闲和消费方式，在人们生活消费结构中的地位日益重要。

体育用品消费是人们日常生活的重要组成部分，是社会经济发展的产物，是满足人们基本需求的商品，因此需求量大，是衡量人们生活水平的重要指标。随着中国市场经济体制的建立，消费的多元化使人们从有限消费转向多元消费，从低消费转向高消费，极大地促进了中国体育消费的发展。

家庭体育锻炼支出是指家庭在体育锻炼方面的花费。尽管与工业化国家相比，中国的家庭体育锻炼支出水平有了显著提高，但差距仍然很大。特别是平均每户体育锻炼支出水平较低，这与总体体育锻炼支出水平密切相关。此外，由于中国不同地区的经济发展水平存在较大差异，一些家庭体育消费水平相对较高，一些家庭则较低。对于家庭体育消费水平的地区，当地的其他消费水平也应该相对较高，积极推广体育健身运动对中国家庭体育的发展至关重要。

2. 现存问题

(1) 活动设施不足且较为陈旧

如果利益相关者自己采取行动，各类问题往往很容易解决。如果家庭齐心协力，很多问题也能迎刃而解。市政体育场通常是为体育赛事设计的，家庭很难使用，而且大多数体育设施是在运动场中。除了运动场，家庭可以享受游泳、露营、登山、远足和野餐等户外运动。在大自然中，家人可以一起活动，一起放松，一起玩乐，一起增进感情。但是，大自然中的娱乐活动在很大程度上取决于客观因素。由于环境质量一般，而且相对简单，人们对体育运动的乐趣就会大打折扣。因此，环境保护是各国政府和地方当局急需解决的一个重要问题。我们希望在不破坏自然的前提下，为人们创造能够享受户外活动的场所。

(2) 缺少健全的服务体系

一个健全的家庭体育体系可以促进高素质人才的培养和利用，为社会生产服务，帮助人们有效工作，充分发挥他们的潜力，促进社会主义物质文化和思想文化建设。中国还没有建立起完善的国民体育教育体系，科学的体育教育思想和价值观还没有深入人心，人们还不了解科学体育教育的一些方法和原则。在农村，大多数人不具备必要的科学体育教育知识，获取科学体育教育相关信息、方法和技能的能力比较有限，更多的是依赖于客观因素。

（3）消费意识不强

目前，中国家庭的体育消费模式非常单一，运动服装等实物消费所占比例较高。这是因为运动服装消费既能用于运动，又能用于日常生活，反映了中国居民的传统消费行为和模式。

（4）市场不够成熟

家庭体育市场发展受三个因素的影响。首先，家庭体育必须具备市场的基本要素：正常运转的商品和消费者。其次，根据社会和经济发展，人们必须具备一定的购买力。这是人们需求的客观现实。最后，健身养生、休闲娱乐产生了较高的社会需求，人们通常具有较强的购买力和欲望。这是家庭体育市场产生和发展的必要条件。家庭体育市场的发展与壮大离不开这些要素的有效配合。

目前，中国的家庭体育市场尚未成熟，经济水平、居民生活水平和消费能力并不能满足大众的需求。因此，中国家庭体育市场面临诸多挑战，仍处于发展初期。这些挑战包括：一是家庭体育市场产品价格偏低，利润空间小；二是家庭体育市场暂时存在缺陷和产品短缺的问题，如缺少游乐场所、缺少健身监测评估设施、缺少高效便捷的技术等；三是家庭体育市场需求，如供给明显多样化。

（5）缺少足够的体育指导人员，并且文化水平偏低

目前，中国体育仍然面临挑战。例如，专业人才短缺、教育质量不高、体育教练员资格认可度不够等，因此，相关职能部门今后应重点加强体育教练员队伍建设。

（二）家庭体育的发展趋势

1.向联合型方向发展

随着社会的老龄化，体育运动在未来的发展将受到一定程度的限制。因此，预计在未来社会中，单身人士将更多地与其他家庭成员（或家庭成员的亲属）相聚，一起参加体育运动。这不仅能促进体育运动，还能促进情感交流、兴趣发展和身心健康。

2.与学校体育、社会体育一体化发展

人格发展通常涉及三个领域：家庭、学校和社会。它们在个人发展中发挥着重要作用。家庭教育是人格发展的第一阶段，在学校和社区教育中发挥着重要作用。它对个人一生的身心发展至关重要。学校教育是个人发展和进化的重要阶段。在这一阶段，学生

身体得到发展，掌握了对社会有用的知识和技能，并为家庭和社区做出了贡献。社会教育关注发展和提高社会成员的能力和愿望。

换句话说，一个人可以是家庭人，也可以是学校人，还可以是社会人，只有根据他的社会性才能将他划分为不同的时期，也只有根据教育的不同程度才能将他划分为不同的时期。因此，可以这样理解，家庭体育、学生体育和社会体育相对不同，但又相互依存，是一个整体。

3. 农村城市化

中国仍然是一个发展中国家，经济落后于工业化国家。贫富、地区和城市之间也存在着明显的分化。事实上，经济发展与家庭体育的发展密切相关。在经济发达的东部和沿海地区以及城市，体育运动和体育锻炼非常普遍，而在西部地区和广大农村地区，尤其是偏远地区的农民中，体育运动却不太常见。

社会经济的发展，特别是中国西部大开发战略的实施和农村地区新战略机遇的创造，大大缩小了中国东西部和城乡之间的差距，农村结构也在向城市化方向发展。农村有两个重要的天然优势。一是农村地理环境优越，土地面积大，人均土地面积大于城市，许多小康农户家中有比较大的庭院和宅基地，为建立家庭健身房和小型运动场创造了有利条件。二是农村居民在农忙和秋收结束后的闲暇时间，特别是节假日，有时间和意愿进行体育锻炼。然而，随着农业现代化的逐步推进和新农村建设的不断深入，这种季节性逐渐成为一种全新的生活方式，农村家庭的体育文化生活也越来越丰富多彩。在这种背景和条件下，农村家庭的体育活动似乎正在走向城市化，这是一种必然趋势。

4. 生活化

一方面，由于科技进步和生活节奏加快，现代社会中，许多从事脑力劳动的人出现了精神疲劳；在紧张的脑力劳动之后，充足的体力活动可以保证大脑神经细胞的充分恢复。城市化进程的加快、人口的密集、人际关系的冷漠和实用主义，以及作为结合纽带的家庭和谐，使社会情感和互动交流变得越来越迫切和必要。要使体育成为每个家庭和个人社会与文化生活的重要组成部分，必须具备一定的条件，而目前的社会经济和文化状况正好满足了这些需要。

另一方面，随着中国社会经济的发展，人们生活空间的扩大，生活机会价值的提高，家庭体育的内涵和外延越来越丰富，过去以满足人们生存需求为目的的体育正在成为今天以满足人类需求为目的的体育。随着生活方式的改变，人们不再把家庭体育看作一种纯粹的体育，而是强调体育活动和体验本身的价值，把家庭体育看作一种有意义的活动，是一种放松、娱乐和身心愉悦的活动。

5. 个性化

未来，家庭将成为人们张扬个性的场所。近年来，观看和参与街舞、蹦极、漂流、攀岩和自行车等彰显个性的现代娱乐和极限运动，作为一种健康的消遣方式，对家庭，尤其是年轻人来说越来越重要。这些富有个性的活动可以让孩子们展现自我，变得更加自信。

6. 多样化

随着对生活水平、生存意识、健康、生态、自然和多元文化的日益关注，人们开始寻求不同的娱乐和放松方式，并积极参与各种体育活动，以丰富家庭生活。

许多家庭喜欢参加各种类型的户外俱乐部，如童子军、远足俱乐部、钓鱼俱乐部和保护俱乐部。登山、游泳、滑雪、帆板运动、水肺潜水、滑翔伞、跳伞、摩托艇、热气球、保龄球、高尔夫球和汽车运动，对许多家庭的吸引力也越来越大。不过，这些运动需要足够的资金投入。同时，人们对体育设施的需求也在不断增长，希望通过家庭体育活动获得情感享受和增进家庭感情。然而，由于受到经济、环境和其他方面的限制，家庭体育设施的发展缓慢、不平衡且成本高昂。随着科学技术的进步，高科技体育健身器材种类繁多，花样翻新，各种创新产品层出不穷。随着时间的推移，人们的兴趣会越来越浓厚，许多适合家庭的体育项目也会应运而生。

7. 科学化

随着现代家庭体育的快速发展、生活水平的提高、文化规范的加强，以及体育科学的普及，人们不再满足于单纯的体育运动，而是积极寻求体育科学方面的建议。例如，家庭体育活动形式和内容的建议、体育与健康的建议、科学教育、技术咨询、家庭训练的室内体育器材、家庭体育活动的管理等。人们希望参与活动的水平与自身机能相适应，体育规则更加科学有效，体育监管更加合理，体育器材更加灵活小巧。对体育和休闲器材需求的增加，也促使人们在公共场所建设体育设施，并特别关注实用、有趣和高质量的体育书刊。

四、现代社区体育文化体系

（一）社区体育文化发展的新模式

1. 社区体育文化发展的小区模式

（1）社区辐射型体育组织模式

在中国社区体育发展之初，社区体育的主导形式受国家体育体制发展的影响，引入行政管理体制，为社区体育的发展创造行政空间。这既方便了社区开展各种体育活动，又控制了活动范围，从而形成了以行政体制为主导的社区体育组织模式（见图3-2）。这种模式的特点是采用行政管理体制，组织结构是多层次的体育组织。

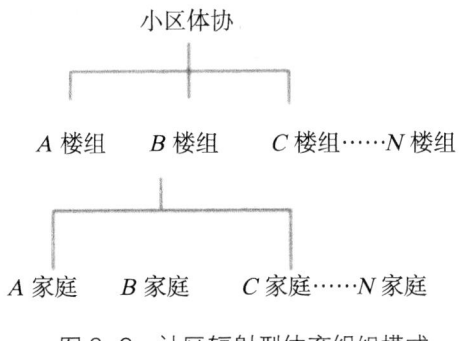

图 3-2　社区辐射型体育组织模式

从长远来看，随着中国人居环境的发展和常态化，由政府控制的区域体育组织的管理体制将朝着由这些地区居民更加民主地控制的方向发展。

（2）社区网络状体育组织模式

随着体育运动的发展，其成员也在不断增加。在此期间，大多数私营和公共体育组织建立了社区体育组织系统。

早些年，体育设施的基础建设是在共同管理的基础上不断发展起来的，地方体育局主要负责体育设施的管理和财政支持，社区组织的发展则更多的是以行政管理和当地居民自我发展为基础。以行政管理和当地居民自我发展为基础的网络组织结构得以建立（见图3-3）。这种体育俱乐部组织模式的特殊性在于引入了俱乐部管理制度，由拥有人力、物力和财力资源的人员提供支持。

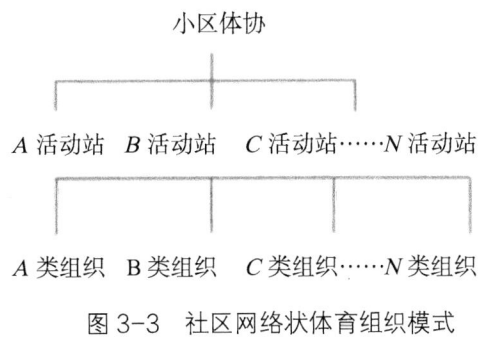

图 3-3　社区网络状体育组织模式

（3）社区独立体育组织模式

在这一阶段，居民在中国居民区体育协会中的组织和管理作用不断扩大，并逐渐转变为以居民自由联合为基础，形成独立组织结构的体育协会（见图3-4）。

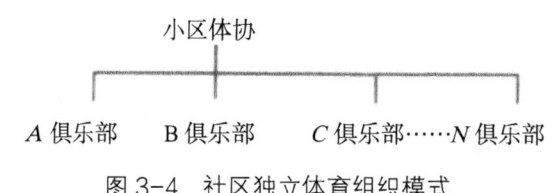

图 3-4 社区独立体育组织模式

这一阶段，社区体育的主要任务是构建会员制俱乐部组织，采用自主管理方式，以独立经营的俱乐部模式为特征，社区行政管理的权限进一步弱化，主要从体育政策、法规角度进行宏观调控。

2.社区体育文化发展的学区模式

（1）学区模式的特点

在这一阶段，学校体育是一种新的社区体育形式，它向当地社区开放学校体育资源，在社区和学校之间共享体育资源。

学区体育发展模式不以整个学区的规模为基础，而是以一所学校（或几所学校）为中心，涵盖学校所在的主要街区，居民和学生利用学校丰富的自然资源参加各种体育活动。

通过采取学校和社区体育文化发展模式，学校和社区可以汇聚不同的体育资源，为学校和社区体育的发展创造有利的环境。

（2）学区模式的构建基础

在目前的发展阶段，要采取社区体育文化发展模式，还需要解决一些问题。例如，学校体育资源向包括当地居民在内的广大社区开放后，学校体育设施和器材的使用率大大提高，但由于责、权、利、受益人和管理办法没有明确规定，维护存在困难，大大增加了学校的负担。学校体育活动资源的开发和管理，将加强体育与当地社区和整个社会的联系。只有合理、和谐地处理好这些问题，兼顾学校教育活动的正常开展、体育资源的损耗补充、体育有效管理和学生安全，才能促进社区体育文化发展模式的实施。

目前，以下几点对于学区发展体育模式，以及在社区建立体育文化非常重要。

第一，确定学区范围，并与学校管理层讨论如何实施学区体育教育模式。

第二，成立教育系统体育设施管理委员会，负责管理教育系统体育设施的使用。

第三，学校与当地社区合作，组织各种体育活动，提高居民的身体素质，让他们保持活跃。

第四，地方当局积极招募志愿者，为居民组织体育活动。

第五，开展各级高质量的竞技活动，制订各项计划，让学校和社区参与竞技体育的发展。

第六，定期举办有青少年学生及其家长参加的地方体育比赛和活动，鼓励居民参与地方体育活动。

3. 社区体育文化发展的俱乐部模式

（1）体育俱乐部模式的特点

将体育俱乐部发展模式的特点与当地社区的特点相结合，可以最大限度地利用当地的体育设施，提高当地居民参与体育俱乐部的积极性和主动性，为体育俱乐部的发展营造良好的氛围。

（2）体育俱乐部模式的构建要求

在当前社会发展和市场经济形势下，商业体育组织以社会的自然环境和人文环境为基础，在社会中发挥良好的功能，这极为重要。

①服务目标群体因素

稳定的客户群是体育俱乐部发展的重要基础。因此，要建立商业体育俱乐部，必须满足以下条件。

第一，做好市场调研。研究内容应包括地理位置、竞争对手、消费水平、消费习惯和行业趋势。地方体育俱乐部需要了解其活动的目的和范围，确保目标受众准确。

在对目标市场的具体特点有了充分了解的基础上，人们要进行全面的基线研究，也要进行更详细的分析，以确定创建新市场的机会。尤其要注意市场的成熟度、投资类型和规模，以及要分析的目标市场（面向人群年龄、收入、文化、职业、兴趣等）。

第二，运用多样化的管理方式。目前，中国健身俱乐部市场竞争十分激烈，健身俱乐部要想在市场竞争中立于不败之地，需要通过适当的广告宣传，提高在消费者中的知名度，制订员工培训计划，规范管理，如定价、增值服务等。它们需要制定科学的组织、运营和管理策略，如根据不同时段确保拥有足够的用户数量。为了确定每小时的用户数量，提高培训效率，更好地利用资源，健身房工作人员必须详细了解每个用户的需求，并根据用户之间的差异提供差异化和个性化的培训服务。

第三，提高服务。质量不断提高服务质量对体育俱乐部的发展至关重要。对于健身爱好者来说，他们作为体育服务的使用者，服务会影响他们的忠诚度。健身爱好者通过对所接受服务的满意度来评价服务质量，高质量的健身服务会鼓励健身爱好者向亲朋好友推荐俱乐部，可以增加俱乐部服务的使用者数量。因此，地方体育俱乐部应充分发挥自身优势，确保俱乐部员工定期接受培训，不断提高服务质量，从而为顾客提供舒适、周到的服务，确保顾客与俱乐部之间构建和谐的关系，使顾客和俱乐部都能各取所需。

②权重因素

市场营销需要了解市场经济基本特征和规律，以及影响市场运作的各种因素，从而实现经济利润最大化。在西方经济学中，市场的定义等式为：市场 = 人口 + 购买力 + 支付意愿。下文将讨论影响市场的三个因素。

一是人口。近年来，中国的人口变化主要表现在两个方面：一是农村人口向城市大规模迁移和城市人口成倍增长，二是结婚和离婚的人数增加。在人口因素中，当地人口的年龄结构和生活方式也起着重要作用。

二是购买力。经济状况是决定消费者购买力的重要因素，它与收入、价格、储蓄和信贷等各种因素有关。消费者的购买力受到收入、价格、储蓄和信贷等各种因素的影响。

三是支付意愿。支付意愿是指消费者愿意购买某些满足其特定需求的商品和服务。就商业体育俱乐部的发展而言，消费者购买健身服务的欲望与服务质量、服务价格、品牌形象、服务环境，以及商业体育俱乐部的地理位置等多个因素密切相关。

为了扩大体育服务市场，吸引足够数量的男女运动员并留住客户，商业体育俱乐部应采取以下措施：首先，它们应在公平竞争的环境中不断提高服务质量。其次，如果体育俱乐部提供的服务质量不变，可以相应调整价格，因为价格会影响消费者的购买意愿。选址也是一个科学问题。鉴于商业体育俱乐部是当地经济的一部分，而且人们一般都会选择交通便利、环境优美的体育馆，因此体育俱乐部的选址肯定是重要的因素之一。最后，应加大广告宣传力度。消费市场的开发和完善是体育馆经营和发展的重要基础。健身中心的市场越大，投资回报就越高。健身会馆要想扩大和发展市场，就必须做好广告经营，不断提高知名度和美誉度。一方面，健身房可以在媒体和广告牌上宣传健身，为居民提供健身建议，提高居民的健身意识；另一方面，健身房可以积极与地方政府合作，共同组织当地的全民体育活动。此外，同一地区的几家商业体育俱乐部可以组织一系列体育比赛，促进相邻商业体育俱乐部的发展，提升其形象。

（二）社区体育文化服务体系的构建与完善

1. 社区体育服务体系的内容

（1）组织服务

地方体育项目的发展需要一个专门的组织来实施和执行。目前，中国地方体育项目的组织结构分为两类：正式组织和由公民自愿成立的非正式组织。具体分析如下。

一是正式组织。该组织通常有较为完善、系统的运行规则和方法，开展的体育活动也较为正规，条件较好，影响力较大，有能力调动和充分利用社会上的各种体育资源。

二是非正式组织：这些组织是由在体育领域有着共同兴趣和需求的社区成员自由和自愿组成的体育组织。就其活动的规模和影响而言，非正式组织无法与正式组织相提并论，因为非正式组织无法充分利用可用于体育运动的社区资源。不过，非正式组织的结构更加灵活，活动也更加多样和频繁。

在中国的大中城市，地方政府目前负责地方体育组织的工作。作为地方体育项目的主管机构，地方政府为当地体育发展制定战略和提供服务，并资助与体育相关的活动。

（2）设施服务

体育设施是乡村体育发展的基本条件。一个村庄体育设施的质量直接受制于管理这些设施的工作人员的素质。只有具备必要的设施，才能开展活动，否则就是一句空话。在全国范围内，中国社会的体育设施数量在不断增加，但由于中国人口众多，中国社会的体育设施数量很少，人均拥有的体育设施数量也很少。

提供现有公共服务有两种方式。一是增加基础设施供给。近年来，政府高度重视现代化公共设施和服务机构的建设与运营，公共活动逐步完善，公共体育设施建设提上日程。主要指标是市政体育设施和设备的建设与更新数量逐步增加。这些物质资源为市民参与体育运动提供了坚实的经济基础。二是提高体育设施的使用率。人们应以最佳方式使用政府和其他组织提供的体育资源，并合理有效地加以利用，提高使用率。

（3）技术指导

如上所述，地区体育组织有权获得其管辖范围内的所有体育资源，包括体育人才。从这个意义上说，地区体育服务体系包括教练。与日常的体育管理不同，教练是一门更系统、更有组织的学科，因此需要专业培训。地方体育教练是中国社会的基石，是体育运动人才的宝库。

总体而言，中国缺乏运动员和体育带头人。为了促进社区体育的和谐发展，政府应汇聚各方面的理论，加强社区体育带头人多元化、多层次的培养，让居民在科学的指导下参与体育锻炼。

（4）经费支持

体育服务经费是社会体育服务的重要保障，可以说，很多体育服务离不开经费的支持。由于中国是一个体育经费相对较少的国家，目前中国区域体育发展的最大问题就是可用资金和资源不足，这极大地限制了中国区域体育的发展。这种状况在短期内不可能有大的改变。但是，缺乏资金不是缺乏服务的借口。要想为地区体育服务提供资金，首先必须建立严格的制度和采取可靠的管理办法，资金的使用必须公开、透明。

在宏观层面，政府可以想方设法通过不同渠道为社区体育提供资金。例如，将体育彩票收入的一部分专门用于发展社区体育计划。在微观层面，社区本身应与有关组织合作，通过适当的渠道和方法筹集资金。当然，需要注意的是，有些专业体育项目是向居民收费的，但应该是非营利性的。

(5)信息服务

现代社会是一个信息社会。随着社会化和信息技术的发展，各种信息的交流和传播速度不断加快。体育事业的蓬勃发展与现代体育信息技术平台的发展密不可分，体育社区的创建也与信息技术的发展密不可分。中国大多数社区有各种体育健身广告元素，如广告牌、公共 LED 屏幕、公共电视广播、横幅和公共海报等。

在新时期，社区体育服务必须以"服务"为名，明确各项服务的内容和要求，不能脱离服务的本质。

2. 社区体育服务体系的构建与完善要求

(1) 符合中国基本国情

考虑到各国体制、社会环境和发展水平的差异，中国区域体育服务体系的发展应基于中国区域体育服务的客观需求。因此，构建适合中国国情的区域体育服务体系，应立足于中国区域体育服务的客观需求，符合中国国情。要使区域体育服务体系得到有效利用并发挥重要作用，必须适应中国现状。

尽管经济和社会各领域都在快速发展，但与西方发达国家相比，中国在许多领域仍存在显著差异。在城市方面，包括城市发展的融资、人口的收入水平，以及生活方式和休闲心态。

西方国家由于经济发展水平较高，公共资源丰富，筹资渠道广泛，社区建设周期较长，社会参与机制较完善，居民生活水平普遍较高，体育活动参与率较高，因此，社区建设资源相对充足。与工业化国家相比，中国体育服务主要面临资金不足、社区体育带头人素质和数量不足、设施短缺和陈旧等问题。

鉴于这些问题，中国不应盲目制定高标准，而应使其目标与当前的社会和经济发展相适应，构建科学的公共体育体系，确保公共体育系统正常运行。

(2) 满足居民体育需求

在逐渐步入小康社会的中国，社区体育活动项目正与国家的社会体制改革和经济发展共同发展，社区体育活动项目的健康发展将对未来具有中国特色的社区体育活动项目的发展产生积极的影响。

随着中国人口经济和文化水平的提高，人们越来越关注自身的健康，因此，对高质量体育设施的需求也越来越高，对本地体育设施的需求也在不断增加。随着信息社会的发展，人们学习新事物的时间越来越少，需要吸收的信息越来越多，越来越愿意尝试新的先进的体育活动。但与此不符的是，目前本地的体育项目陈旧、单调、过时。

市政体育计划的现代化进程缓慢是阻碍社区体育发展的主要因素之一。公民期望他们生活的社会为他们提供现代化和多样化的体育运动机会。正确理解市民的体育需求，为他们制订合适的体育活动计划，是建立科学的市政体育计划体系、促进不断改进和发展的重要途径之一。

（3）体现公众本位理念

"为人民服务"是党和政府的主要宗旨之一。党的十七大报告强调了科学发展战略的重要性，并把"以人为本"作为工作重点。体育公共服务体系工作应强调人民群众的参与度和接受度，发展公共服务能力水平，培养国家体育总局相关部门的体育服务能力。

有了这样一种制度，政府能增强公民对国家和公共服务的信任，强调以人为本的服务理念，向公民强调国家是公共服务的提供者，表达公共服务应坚持"以人为本"的理念，并使公民的需求成为开发和利用体育运动资源的主要指导原则。公民的需求应成为社区一级开发和利用体育运动资源的主要指导原则。

（4）提高公众满意度

公民是体育运动相关市政服务的主要利益攸关方。因此，在提供市政服务时，应充分考虑到他们的满意度，并将其作为评估市政体育服务成效的关键因素。市政体育服务基本上是由国家提供的公共服务，具有很强的公共性和社会性。因此，在设计和开发不同的市政体育服务系统时，必须将市民视为最终的评估者，增进对用户的了解，并尽一切努力满足他们在参与和体育活动发展方面的需求。

（5）突出社区发展特色

创新是社区体育发展的动力，也是社区体育服务的重中之重。如今，社区体育服务的设计和发展必须考虑到当地社区的不同特点。社区体育设施应具有针对性，能满足当地居民的一般体育活动和发展需求，并反映各个社区体育设施的特点，包括其设计、体育活动计划和选址标准。

第四章　新时期休闲体育文化的建设与发展

随着全民健身观念的普及，各种休闲体育早已成为人们喜爱的运动项目，并形成了良好的休闲体育文化体系。要想让休闲体育在当今的休闲社会中保持发展潜力，我们就必须了解其现状，并对其未来的趋势进行详细研究和分析。

第一节　休闲体育文化综述

一、休闲体育文化理论体系阐述

（一）休闲体育文化的概念与特征

1. 休闲体育文化的概念

休闲体育文化是指人们在休闲体育运动中创造和使用的物质产品、价值观、制度规范和行为的综合体。从文化角度进行研究，有助于人们更好地认识和理解休闲体育文化的丰富内涵，并为休闲体育文化体系提供一个学术视角。休闲体育已成为人们重要的生活方式，人们在日常生活中经常参加各种体育活动，极大地丰富了知识和文化生活。

换句话说，运动与休闲文化指的是人们通过运动和休闲时间的体育活动创造和分享与这些社会现象相关的物质价值、价值观、制度规范和态度。

2. 休闲体育文化的特征

严格来说，休闲体育是休闲文化与体育文化的结合，也是体育文化新形态的一部分。休闲文化除了具有体育文化的一般特征外，还具有特殊的特征。

（1）主动创造性

最初，体育具有政治功利性，但随着时间的推移，这种政治功利性发生了一些变化，体育的游戏性得到了加强，尤其是在休闲体育中。休闲体育的发展也使人们对体育的态度发生了一些变化。这意味着人们不再被动地接受体育运动，而是主动地根据自己的喜好来组织、选择和修改所有的体育与娱乐活动。因此，人们不仅自觉地参与休闲体育，而且还表现出一定的创造性。这也是休闲体育文化发展的主要原因之一。

创新是休闲体育重要的特征之一。在当今社会，参与和创造休闲活动不再是为了生存，而是为了享受和个人发展。在休闲时代，人们会问自己如何进行体育运动和享受活动。此外，休闲体育不是为了取得成绩，而是为了享受体育运动的整个过程，以及从中获得的身心愉悦。换言之，积极的创造性是休闲体育文化的重要内容。

（2）潜在功利性

由于体育文化具有普遍重要的道德特性，体育与政治始终密不可分。体育当然也有功利的一面。作为体育文化重要组成部分的休闲体育，也具有同样的特点。

随着社会经济的发展，人们的物质生活水平逐步提高。在新时期，人们越来越希望过上积极、健康的生活方式，休闲体育则成为实现这一目标的手段。在这种情况下，休闲体育的作用和特点也在发生变化。体育的政治作用在减弱，娱乐功能在增强。尽管休闲体育的娱乐性受到高度重视，但不应忘记体育也具有不可磨灭的政治性。总体而言，休闲体育曾经明显的政治特征如今已被掩盖。因此，有人说休闲体育文化是一种隐蔽的实用主义。

（3）规则游戏性

休闲体育是人们参加各种休闲体育活动的一种生活方式。在这些活动中，他们不太注重体育运动本身的规则，而更注重游戏和体育运动的表现，强调技术。人们在参加休闲体育活动时，既要满足项目的技术要求，又要自由发挥和创造性地进行比赛，享受运动的乐趣是最重要的因素。这说明休闲体育文化具有不同的个性，但这并不意味着休闲体育没有规则和限制，它应该有人们普遍接受的共性，参与者在活动中应该始终尊重这些共性。

（4）两元统一性

一般来说，休闲体育运动文化的特点是活动的核心，具有重要的双重本质：介于物质和精神之间的本质，介于身体活动和精神活动之间的本质，介于体力和脑力之间的本质。一般来说，参加休闲体育运动首先是一种身体活动，身体的不同部位发挥不同的功能，改变活动的速度、距离和方向，消耗身体的物质能量，促进血液循环等。然而，体育运动过程还涉及心理和精神活动，如运动体验、兴奋感和成就感、自我表现和自尊等。身心活动的和谐发展促进了身体与精神的和谐发展。在潜水、攀岩、冲浪和漂流等休闲体育项目中，参与者不仅需要发展体力，还需要发展智力；不仅需要发展灵活性和创造力，还需要发展克服各种挑战的耐力和勇气。在整个活动过程中，还涉及人的情感和意志力。有些休闲活动以智力活动为主，不需要太多体力，如文学艺术活动。

总体而言，业余体育活动已成为满足人们身心需要的一项重要活动。因此，人们对体育活动的不同作用有了更多认识，对休闲体育文化也有了更深的理解。休闲体育文化的特点是人文伦理和以人为本的体育文化。

（二）休闲体育文化的多元内涵

体育和休闲文化的重要性十分复杂，体现在三个层面：物化层面、价值观念层面和制度规范层面。

1. 物化层面

休闲体育文化在物化层面具有非常丰富的内容，具体体现在以下两个方面。

（1）人造物

人造物等娱乐性体育用品的主要目的是提高体育活动的参与度，人们通常会根据其功能或作用给物品贴上标签。

（2）自然物

在休闲体育中，实物不是纯粹的实物，而是经过改造的实物。人们试图改造实物，以适应自己的健康和训练需要。例如，高尔夫球场和滑雪场就是经过重大改造的自然物。在休闲体育中，人们尝试并享受改造各种自然物体，以满足对自己身心愉悦的需求。

2. 价值观念层面

作为价值维度的休闲体育是确定休闲体育文化价值的一个重要因素。人们可以从三个角度来定义和理解休闲体育文化的价值。

首先，人们通过参加休闲体育活动，增加对休闲体育的了解和认识。

其次，人们可以通过参加娱乐和体育活动来显示自己对不同休闲活动的偏好。

最后，通过参与休闲活动，人们可以不断加深对休闲文化价值的理解，积极主动地探索和创造休闲体育文化的价值体系。

3. 制度规范层面

社会制度的规范性特征往往体现在休闲体育中。

（1）在现代社会，重视个人不同态度和发展水平的趋势有时会反映在休闲和体育文化中。

（2）在娱乐性体育运动中，个人必须遵守既定的规则，否则就会失去必要的秩序。体育法限制个人作为运动员的行为，保护他们参与体育运动的权利。

（3）为了保障个人参与社区活动的权利，各种文体活动计划应包含统一的文体活动标准和行为规则。

（4）人们通过参与休闲活动，逐渐将体育活动结合成一种休闲体育。休闲体育有两层含义：一方面，它代表了人们与生俱来的素质，满足了人们锻炼身体的本能需求；另一方面，大多数休闲体育是社会化的，人们可以通过参与这类活动满足其他社会需求。因此，娱乐和运动文化是一种社会文化现象，人们对各种娱乐活动的参与反映了他们的个人价值观。

二、休闲体育文化现状与发展趋势

随着全民健身运动的深入开展，休闲体育文化的发展也如火如荼。

（一）休闲体育文化现状

1. 休闲体育文化受到广泛关注和重视

在中国，休闲体育在人们心目中已经发生了很大的变化：花钱买健康的观念越来越盛行，人们逐渐接受并适应了休闲体育的各种支出。同时，也认识到，休闲体育的商业化和产业化是休闲体育发展的重要组成部分。

2. 休闲体育基础设施不断改善

随着人们对体育活动需求的增加，他们对高质量的体育休闲基础设施和设备的需求也随之增加。因此，近年来，中国有关部门投入巨资建设体育场馆和休闲设施，大大增加了人们参与休闲体育活动的机会。这种情况非常有利于中国休闲体育的发展。

3. 各种类型的休闲体育运动项目不断涌现

发展至今天，休闲体育运动项目越来越多，其中传统武术、气功、游泳、跑步等项目受到的限制较小，人们不需要太大的经济投入就能参与其中。而一些新兴的休闲体育，如极限运动，现在受到许多年轻人的欢迎，俱乐部和滑板爱好者随处可见。这是休闲体育日益发展的良好迹象。

4. 参与休闲体育运动的人数逐渐增加

休闲体育是一种不同年龄、性别和情况的人都能平等参与的体育运动，它能满足人们特殊的生理和心理需求。休闲体育的这些特点使得参与休闲体育的人数逐渐增加。如今，休闲体育已经发展起来，许多休闲体育项目为那些希望保持体能的人提供了广泛的机会。新的休闲体育器材让人们在运动中获得乐趣和精神上的满足。值得注意的是，近年来，人们在休闲体育项目的选择上出现了明显的差异：老年人更喜欢有氧运动项目，如散步、啦啦操和气操；全职妈妈更喜欢低成本项目，如象棋和跑步。工薪阶层的人更喜欢费用较低、耗时较少、简单易行的体育项目，收入较高的人则喜欢高尔夫、保龄球和骑马等费用较高的项目。无论他们的选择如何，不可否认的是，越来越多的人在闲暇时间参加体育运动，强身健体。

(二)休闲体育文化发展趋势

1. 从身体锻炼模式发展为休闲体育模式

过去,锻炼的主要目的是增强体质,但如今,健身的观念已发生了很大变化,娱乐性已随着健身目标的实现有了重大发展。过去,体育和健身被视为一种功利主义,即为了健康而锻炼,体育锻炼被视为一种义务和负担。

随着健身观念的发展,休闲运动已成为许多人的重要生活方式。休闲体育强调人们自由地享受提高身体素质的过程,发挥自己的创造力,达到身心愉悦的目的。研究表明,中国人的体育锻炼动机已从健身动机发展到健康、休闲、娱乐、教育和社交等多种动机。

2. 休闲体育将更加人性化与社会化

公民参与文体活动是当今个性化的一个明显组成部分,各种各样的文体活动为公民提供了个性化发展的机会。在当今的社会环境中,许多有共同兴趣爱好的人逐渐聚集到民间体育组织中,分享经验,共同发展。在更高层次上,社会组织也在不断涌现,它们由许多提供支持服务和资源的小型经济组织组成。未来,对休闲体育感兴趣的各种非营利组织将逐渐成为项目的组织者和协调者,为促进休闲体育和经验交流提供必要的服务。

3. 电视、网络将成为休闲体育发展的助推器

随着现代社会的发展,电视、网络等各种媒体越来越重要,这些新媒体是休闲体育发展的重要推动力。由于大众传媒的迅猛发展,人们的注意力越来越集中在各种体育活动上,体育与社会之间的距离大大缩短。许多竞技体育项目转变为休闲体育,越来越多的人参与其中。媒体也对休闲体育进行报道和宣传,这极大地促进了休闲体育参与人数的增加。

4. 休闲体育将更加商业化和产业化

如今,休闲体育已成为人们健康生活方式的重要组成部分,休闲体育运动人数的稳步增多带动了体育用品消费总量的稳步增加和体育相关产业的强劲增长。在美国、日本和意大利等国,休闲体育产业是体育产业的重要组成部分,对国民经济的贡献巨大。

美国拥有高度发达的娱乐和体育文化,公共、非营利和商业组织都提供娱乐服务。在这个国家,体育休闲产业的发展还很有限,但有很大的潜力和提升空间。我们相信,如果从事休闲体育运动的人数持续增长,中国的体育休闲产业发展将大有可为。

在现代社会,商业发展为体育娱乐业的发展创造了有利条件,促进了商业体育娱乐业的兴起。

第二节 休闲体育文化价值的实现途径

一、休闲体育文化价值的概念与特点

(一)休闲体育文化价值的概念

休闲体育文化不仅能满足人们的身心需求,还能促进社会发展。人们通过长期参与休闲体育,逐渐对休闲体育文化产生一定的依赖性,休闲体育的高价值得以充分展现。休闲体育的文化价值是休闲体育规划和发展的重要源泉。

(二)休闲体育文化价值的特点

1. 实现人类对精神自由的追求

从原始社会发展到现代,人们在改造物质世界的同时,也一直致力于自身精神的发展。人类社会发展之初,人们崇尚自然,屈服于自然的力量,由于认识能力有限,很少为自己的精神认识而努力。但是,随着社会的不断发展,人们积累了很多物质财富,社会认识逐渐开始发生变化,不仅享受物质财富,也开始注重精神认识。在这种情况下,体育就成为人们开阔视野、实现良好发展的一种手段。因此,休闲文化和体育成为重要的内容。

2. 体现以人为本的理念

在当今社会,人文主义的概念正变得越来越重要。人们参加各种体现人道主义价值观的体育活动。休闲体育在这方面尤为重要,因为它的目的是增强身心健康。一般来说,休闲体育没有严格的成绩要求,也没有充分体现人类基本价值观的制度标准。

3. 发挥人的主观能动性

正如健身理念的不断发展一样,休闲体育必须创新,不断发展。休闲体育的未来发展必须充分发挥人们的积极能动性,努力把休闲体育推向更高的水平。

二、现代社会背景下实现休闲体育文化价值的途径

为了了解休闲体育文化在当代社会中的价值,我们可以从政府、社会和个人三个角度进行具体的研究和分析,找到开发休闲体育文化价值的途径。

(一)政府政策引导机制

(1)有关当局应根据当前的康乐发展情况设计和发展康乐设施,包括运动场和设备,

为公众参与康乐体育活动提供完善的设施。

（2）在宏观层面，各国政府应采取必要措施，促进本地区休闲体育的发展，以提高本地区休闲体育的价值。

（3）政府应承担起通过媒体促进和传播休闲体育文化的责任，以便在民众中营造有利于休闲体育发展的环境和氛围。

（4）政府应强化学校体育教育目标，增加相关投资，确保学生在课余时间积极锻炼身体。

（二）社会公共服务体系

随着现代社会的不断发展，人们的空闲时间越来越多，这对于休闲体育的发展具有重要意义。在社会公共服务体系逐步发展和完善的现阶段，要进一步发展中国的休闲体育文化，我们应注意以下几点。

（1）增加对中国体育基础设施的公共投资，为休闲体育创造适宜的物质环境。

（2）政府应采取必要措施和手段，加强对休闲和体育文化的宣传，提高公众参与休闲体育活动的意识，以及对休闲体育活动文化价值的认识。

（3）加强对社区体育领导的培训，为参加各种娱乐活动提供必要的理论和实践指导。

（4）加强文体机构建设，促进文体事业科学发展。

（三）个人文化传承意识

近年来，中外交流日益活跃，国人的视野大大开阔。在这种情况下，中国的休闲体育也得到了长足的发展和壮大，其内容也在不断完善和丰富。休闲体育文化深深植根于中国古老的体育文化之中，包括八段锦、太极拳等多种休闲体育项目。

在现阶段的发展中，我们应该进一步挖掘休闲体育文化的各种价值，加强休闲体育文化的宣传教育，让中国人民能够享受到传统的休闲体育文化，这样才能更好地促进传统休闲体育文化的传承。这也是促进中国休闲体育文化价值实现的重要途径。

第三节 休闲体育文化的产业化发展探索

一、以文化角度促进休闲体育文化的产业化发展

既然休闲体育文化是休闲体育与文化的结合，我们就完全有理由从文化的角度来考

第四章 新时期休闲体育文化的建设与发展

虑休闲体育，促进休闲体育产业的发展。从文化的角度看，休闲体育文化的产业化发展应遵循以下原则。

（一）严格遵循以人为本的基本原则

在当代经济和社会背景下，休闲体育部门的发展不仅需要遵循市场经济的基本规律，还需要遵循社会利益和经济利益有机结合的原则。休闲体育部门和休闲体育文化的发展必须考虑以人为本的原则。

经济价值观在休闲体育部门的发展中发挥着重要作用。休闲体育发展所使用的经济价值观在决定休闲体育发展是否符合休闲体育文化的目标和基本价值观方面发挥着重要作用。从社会学的角度来看，这意味着休闲体育产业和休闲体育文化并没有完全联系在一起，除非休闲体育产业在发展过程中运用当代经济价值观，否则休闲体育文化就不会出现。因此，休闲体育文化的产业发展必须遵循经济价值规律，在具体应用中必须明确休闲体育产业发展与休闲体育文化发展之间的关系。一般来说，经济发展间接影响文化发展，文化发展在一定程度上有利于经济发展，这与休闲体育产业与休闲体育文化的关系是一致的。

在市场经济条件下发展休闲体育，必须坚持以人为本的原则。体育是一种身心合一的文化，参与者的身心健康之路首先要通过尊重制度和物质活动来实现。中国体育产业是在社会主义市场经济条件下运行的，这一观点已得到广泛认同。在当前的经济条件下，休闲体育文化的产业化发展必须有一定的经济基础。没有足够的资源，休闲体育文化的产业化就不可能得到合理、可持续的发展。[①]

（二）对文化价值观的差异进行充分考量

人是独特而不同的，这影响着他们的文化。人们的价值观也存在差异，这尤其体现在休闲体育文化中。有些人喜欢刺激和紧张的体育项目，有些人则喜欢放松和振奋人心的体育项目。

休闲和体育部门的未来发展必须充分考虑到人们不同的文化价值观。

首先，有些国家从一开始就引入了休闲体育计划，并取得了巨大成功，但也有许多国家没有结合本国国情，盲目引进休闲体育计划，没有很好地发展休闲体育。这种情况说明，发展休闲体育必须根据各国的具体国情，把休闲体育与民族文化有机地结合起来，否则就难以取得良好的经济效益。

其次，多元文化价值观的影响导致人们的体育习惯多样化，休闲体育活动也更加丰

---

① 王彦英．多元体育文化的创新与发展研究[M]．北京：中国书籍出版社，2019．

富多彩。在这种情况下，中国需要培养大量的休闲体育专业人才。休闲体育不仅代表着一个巨大的产业市场，而且还能使人们根据自己的愿景管理休闲体育的不同文化价值，从而间接促进休闲体育产业的未来发展。它也是基层体育和休闲体育产业发展的一大障碍。在中国，休闲体育产业目前存在的问题之一就是从业人员较少，教育体系不健全，没有跟上现代休闲体育个性化、多样化的发展步伐。因此，有关部委应采取具体措施，划拨资源，改进休闲体育运动员的招募和培养工作。

（三）重视民族传统体育文化休闲产业价值的开发

随着现代体育竞技的迅猛发展，传统体育文化的栖息地受到了一定程度的限制，但中国的一些民族传统体育文化，如武术、气功等，却得到了一定程度的保留和发展。这些传统体育具有不同的民族特色和文化内涵，代表着中华民族的精髓。它们也是中华民族特性的基础。因此，中国应采取一定的措施和手段，加强对其保护，促进其发展，重视对其产业价值的开发和研究，实现中国传统体育文化的健康可持续。

中国传统体育文化具有重要的休闲性，参与休闲活动具有重要意义。其丰富的文化内涵主要体现在两个方面。第一，关注健康，关注身体和气质；第二，关注人与自然的和谐发展。此外，中国民族传统体育文化还有两个方面具有重要意义。首先，民族传统体育的规则和技巧相对简单（除部分套路外），对参与者的技术要求不高，使人们乐在其中。其次，民族传统体育文化极具价值，充分体现了中华民族的智慧和劳动。总之，中国民族传统体育文化的产业化发展在一定程度上是建立在趣味性和参与性的高度价值基础之上的。

在新时期，中国传统体育文化中休闲体育的产业化发展非常重要。首先，休闲体育的产业化发展可以扩大中国传统体育文化市场，促进民族传统体育的发展。其次，中国许多少数民族的经济水平相对较低，极大地限制了民族传统体育文化的发展。因此，应进一步发展民族传统体育文化，促进少数民族经济的快速发展和水平提高。

近年来，中国的一些学者和专家开始研究民族传统体育文化与旅游的综合关系，这对中国各民族的全面发展具有重要意义。从旅游学的角度看，中国各民族传统体育文化本身就是丰富的人文旅游资源。从文化学的角度看，民族体育旅游资源的产业开发应满足两个条件。第一，引导民族体育旅游资源的开发，有效发展独具特色、文化内涵丰富的民族传统体育文化。第二，要兼顾民族体育文化保护与民族传统体育产业发展的关系。

二、体育健身休闲产业的发展与经营

健身休闲产业是基层体育的重要组成部分,为中国健身休闲产业的发展提供了重要机遇。近年来,全民健身运动在中国的地位越来越重要,健身休闲产业的运营和管理是一个需要认真思考的问题。

(一)体育健身休闲产业的发展

体育、健身和休闲部门的发展有许多重要特点,但也存在一些需要填补的空白。

1. 体育健身休闲产业发展的特点

目前,中国体育健身休闲产业的发展相对接近规范的初级阶段,主要表现在以下几个方面。

(1)人们的体育健身休闲价值观念逐步提升。与发达国家相比,中国休闲体育的发展相对滞后,休闲体育产业的概念和功能尚未形成。体育健身休闲产业发展的政策法规也存在严重缺陷,需要政府部门进行修订。不过,中国体育健身休闲产业的发展也有其优势。体育健身休闲产业要想落地生根,成为一种文化现象和生活方式,还需要一定的过程。在中国改革开放的大背景下,许多外来价值观逐渐影响了人们的认知和价值观,一系列价值观被采纳,这些价值观与传统价值观相融合,可以创造出新的价值观,被人们广泛采纳。

现代人对体育、健身和休闲作为科学概念和重要价值的理解,必须通过适当的市场经济来实现。在体育、健身和休闲活动中,人们可以拥有愉悦的身心感受,并根据自己的经验来评估休闲和体育运动的价值。因此,体育、健身和休闲的价值创造受制于个人的理解和认识。为了更好地促进体育、健身与休闲的发展,我们有必要将其融入中国传统文化,培养人们共同的心理认同,这对中国体育、健身与休闲的发展具有重要意义

(2)体育健身休闲市场体系初步形成。随着现代经济市场的发展,体育市场是一个多元化的市场体系,主要由体育服务市场和体育器材市场两部分组成。与其他国家相比,中国的体育健身休闲市场起步晚,发展相对缓慢,但目前在中国商业经济快速发展的影响下,体育休闲产业也在快速发展。体育消费观念也在逐步形成,并在提高人们的健康水平和生活质量方面发挥着重要作用。随着工业化的发展和生产力的增强,参与休闲运动的人数大幅增加。与传统休闲运动相比,休闲运动更健康,更有活力,更具吸引力。目前,中国投资机构较多,不同所有制群体并存,平等竞争,各级体育产品一体化的市场模式已经建立,其中体育健身产品市场是体育市场的主体和重点,健身休闲产品市场、健身产品和体育保健品市场等呈现共同发展的态势。

（3）体育健身服务呈现出多元化发展趋势。如今，随着全民健身运动的开展，各类体育中心和健身房为消费者提供了多种体育健身服务，以促进体育锻炼，满足健身需求。多年来，中国的体育健身服务呈现出多样化的趋势，发展较为全面，为消费者提供了多种服务。这使得不同的用户群体能够满足不同层次的健身、娱乐和休闲需求。

（4）连锁化经营和市场集中程度较为理想。连锁经营是发展健身休闲产业的有效途径，我们应将中国健身市场视为一个产业链，提高市场占有率，促进健身休闲产业的发展。在全球化进程中，品牌形象好、经济实力强、健身理念先进、运营水平高、连锁经营经验丰富的国外知名健身体育企业在中国不断涌现，迅速占领国内市场。中国的体育健身休闲产业也随之快速发展，但也带来了挑战。

（5）体育健身休闲产业市场规模逐渐扩大。在中国，健身和休闲运动爱好者的数量呈上升趋势。在上海、北京和广州等发达城市，人均家庭支出的10%以上用于体育健身。中国的体育、健身和休闲市场正在不断扩大，但由于中国幅员辽阔，各地区之间的增长很不平衡，需要采取资源和措施来平衡地区差异。

2. 体育健身休闲产业发展的不足

中国的体育健身休闲产业目前处于一定的发展阶段，但远未完成。随着未来经济社会的发展，其产业化程度将不断提高和加强。目前，中国体育健身休闲产业主要存在以下几个方面的不足。

（1）没有建立起科学的健身休闲观念。尽管休闲体育和健身具有一定的吸引力，但人们对休闲体育并没有清晰的认识，因此在选择休闲体育和健身项目时存在一定的困难。休闲体育、健身是非常有趣的娱乐活动，与电子游戏、电视、麻将等许多休闲活动形成竞争，在一定程度上限制和影响了体育、健身和休闲产业的发展。

（2）居民体育健身消费能力有待进一步提高。与工业化国家相比，中国经济发展仍然薄弱，居民收入水平较低，参与体育运动的机会较少，尤其是在农村地区。统计研究表明，目前中国休闲体育运动主要集中在城市地区，其影响力相对较弱。看来有必要进一步发展中国的体育运动休闲产业，提高其对经济的贡献。

（3）体育健身产业发展的平衡性欠佳。目前，中国体育健身和娱乐产业的发展并不平衡，尤其是在以下领域

①区域上的平衡性欠佳。休闲体育的发展与经济发展水平有着密切的关系。由于中国幅员辽阔，不同地区的发展差异很大，因此，经济欠发达地区的休闲体育发展必然受到限制，在一定程度上阻碍了休闲体育的发展。目前，最大的问题是中国东西部地区和城乡之间的经济发展差异。由于经济发展水平有限，各地区体育健身休闲产业的规模和发展水平差异很大。在东部省份，体育健身休闲产业要比内地省份发达得多，尤其是与

西部省份相比，发展速度更快，规模更大。随着现代社会的发展，这种不平衡会随着时间的推移而加剧，这些地区也会出现休闲体育发展的门槛。有限的经济增长意味着贫困地区的人们没有时间和金钱去享受生活，发达地区和贫困地区的人们在思想观念上也存在很大差异。要改变这种状况，就必须积极促进地区共同发展，为各地区体育、健身和休闲产业的发展奠定经济基础。

②布局上的平衡性欠佳。由于中国独特的国情特点，目前体育健身设施和服务主要集中在城市、中小城市、城乡接合部和农村地区。这种情况表明，中国体育健身休闲产业配套设施不足，发展不平衡。

③项目开发上的平衡性欠佳。中国体育健身休闲产业项目开发的不平衡性仍然较低，体育健身领域的许多项目没有以市场为导向，从而造成资源浪费。例如，台球运动的迅猛发展导致台球厅遍地开花，造成资源浪费。高尔夫球场越建越多，但打球的人却没有增加，造成资源浪费。对于更受欢迎的项目，如健美操、舞蹈、乒乓球、羽毛球、网球、台球和瑜伽等，供应的同质化现象更加严重，产品之间差别不大，容量不足。随着中国群众体育健身服务需求的增加，世界各地的健身巨头纷纷进入中国市场。中国体育健身休闲产业正在向市场发起挑战。

④产业的规范性较弱。到目前为止，中国政府已经颁布了一系列关于体育产业发展和管理的法规，这些法规对于促进中国体育产业的发展是非常重要和必要的。但是，由于休闲体育市场的法律结构不够完善，目前政府对休闲体育的管理体制不够理顺，各种程序和规定相互矛盾，中国相关部门正在通过制定相关的法律文件来致力于促进休闲体育的发展，可以发现有一定程度上的政治保障。目前，中国体育健身休闲运动领域仍面临诸多争议。由于很多服务行业发展迅速，相关政策法规的落实相对缓慢，相关行业发展缺乏规范性。这种情况也影响了体育、健身和休闲行业的发展。商业机构和企业是以盈利为目的的，体育健身休闲产业则有很多人文因素，是物质和精神的综合体。换句话说，休闲服务经济必须具有经济、社会、环境和文化效益，体育、健身和休闲产业只有兼顾各个方面才能长远发展。公众对体育、健身和休闲的了解还不够深入，对这一行业的发展还存在一些障碍，因为误解依然存在，各地区的认识差异很大，而且缺乏必要的保障和监管措施。

(二)体育健身休闲产业的经营

体育健身休闲产业的经营与发展应结合中国的具体国情和体育事业发展的实际，应采取以下策略促进中国体育健身休闲产业的发展。

1. 主观标准客观化

目前，中国体育健身休闲产业已经发展到一定程度，但对服务产品质量的评价很不科学，主要依据服务人员的主观描述和消费者的主观感受，没有客观的评价标准，不利于休闲产业的经营和发展。体育健身服务一般分为培训服务和健身服务两大层次。为了规范体育健身休闲服务市场的发展，我们需要对这两个层次有一个相对客观、规范的分类体系。

首先，应制定具体的文书来规范和标准化服务的程序与行为。提供体育健身服务的公司应针对健身服务的各个方面制定明确的标准化规则，并要求服务机构的所有员工遵守这些规则，否则将面临处罚。

其次，要客观评估服务质量的影响。要采用科学的检测方法来评估资质的影响，用检测数据来评估影响，用评估结果给用户以信心。

2. 无形产品有形化

体育健身服务是一种无形商品，其主要特点是不能给消费者留下明确、具体的印象，消费者无法对服务水平和健身效益进行评价，这就使得体育健身服务具有不可靠性。考虑到抽象产品的缺点和消费者的心理态度，体育健身企业应针对抽象产品采取特殊的营销策略。对于体育健身企业来说，有形价值和无形价值尤为重要，它们应为消费者提供有关体育产品的具体线索，引导消费者，帮助消费者了解产品的益处。这些有形参考在以下两个方面尤为突出：

（1）运用有形物体的视觉感知，以方便用户的方式展示服务内容、服务质量和其他服务信息。有形体验的例子包括室内设计、功能空间设计、健身中心与健康、积极休闲和娱乐、休闲、娱乐、招待和其他类似空间的空间设计。

（2）以文字、图表、照片和视频等直观的可视化方式，帮助用户了解健身服务的流程、意义、标准、质量和影响。这可以增强消费者的信心，鼓励他们多消费。

3. 重视情感人性化

情感人性化策略旨在通过为服务对象提供人性化服务，突出服务对象的情感差异和个性化需求，满足服务对象的情感需求。这种方式对于赢得广大对体育健身感兴趣的消费者的青睐具有重要意义，体育健身行业应该认真对待并加以探索。

随着人们社会文化和生活方式的发展，消费者的情感需求也在发生变化。因此，在体育健身休闲产品和服务的营销过程中，人们应注重满足消费者的情感消费需求，特别是通过情感包装、情感广告、情感营销和情感口碑传播等方式，促进企业的可持续发展。

三、特色休闲体育产业的经营与发展

中国拥有丰富的体育资源和多元化的体育娱乐产业，但仅有丰富的产业资源是不够的。所有资源都应得到合理的管理和利用，以促进中国娱乐体育产业的健康、科学发展。

（一）冰雪体育休闲产业优化管理营销策略

1. 满意顾客策略

在市场经济条件下，企业和客户的利益必然是一致的。冰雪运动和休闲产业的发展必须以客户为中心，运动过程必须考虑周全，滑雪和冰雪基础设施必须得到加强，众多客户的需求必须得到满足。以顾客满意为营销目标，企业必须把顾客满意作为企业整体资源的一部分，生产让顾客满意的产品，提供让顾客满意的服务。这样不仅顾客满意，企业也会受益，双方都是赢家。

2. 巩固营销策略

整合营销战略旨在巩固和提高体育休闲产业在消费者中的市场地位。自 2022 年冬奥会以来，中国的冰雪领域发展迅速，许多企业将目光投向了冰雪领域。这对于可能不处于第一、第二或第三位的企业来说，是一种有效的定位。通过这种方式，消费者可以认可企业的实力。

3. 重新定位策略

目前，休闲体育领域，尤其是冰雪运动，在中国还是一个新兴产业，进入者众多，进入速度快，因此企业可能存在市场定位不明确的问题。

4. 市场细分策略

市场细分是指根据具体特征和消费者需求变化确定具有不同需求的消费者群体。

对冰雪运动和休闲体育市场进行细分，是指根据构成整个冰雪运动市场的消费者需求、购买行为和购买模式的差异，将冰雪运动市场划分为若干相似的消费群体。表 4-1 提供了更详细的信息。

表 4-1 冰雪体育休闲产业市场细分类型与特点

市场细分类型	细分市场特点
健身娱乐市场	以冰雪体育娱乐项目为商品，以实物和非实物方式向消费者提供健身娱乐方面的服务，满足消费者强身健体、娱乐休闲的冰雪体育需要，如滑雪健身、滑冰健身
旅游市场	满足人们参与冰雪旅游活动，包括观赏性和体验性两类市场产品与服务，如观赏冰雪体育赛事、观冰灯、体验雪域民俗风情
竞赛表演市场	以冰雪体育竞赛和与竞赛活动有关的内容为交易对象的市场，市场购买者是观众，也可叫作冰雪竞赛表演观众市场
培训市场	以冰雪体育培训服务为交易对象的体育市场

5. 市场营销策略

（1）广告促销

广告和营销是休闲体育行业有效的市场开发战略。休闲体育公司必须学会利用广告来推广休闲体育领域的各种产品，开发和生产需求量大的产品。广告不仅用于冰雪运动领域，也用于休闲运动领域。广告的形式多种多样，如电视广告、广播广告、杂志和报纸印刷广告、互联网广告、户外广告、体育直销广告和体育产品广告。

鉴于中国对冰雪运动的浓厚兴趣，冰雪运动产业可以利用中国 2022 年冬季运动会这一契机，积极发展冰雪运动，吸引潜在消费者。

（2）产品策略

产品策略是一种以产品为导向的营销策略，通过改进产品技术、提升产品设计、推广产品文化等方式，鼓励消费者购买产品。在冰雪运动和休闲体育市场中，产品由一系列产品和服务组成，如冰雪运动竞赛、冰雪运动有形商品等。产品的科学战略基于其在体育市场中的适当定位。在冰雪和休闲体育市场中，服务有明确的定义，同时制定相应的产品战略。

（3）价格策略

价格策略是基于所售产品或服务价格的营销策略。在冰雪运动和娱乐市场营销中，门票和各种服务的价格各不相同，包括冰雪运动赛事的门票价格、冰雪运动服装、设备和用品、商品销售、冠名权销售、各种运动队的品牌推广和电视转播权。在制定价格时，冰雪运动和娱乐公司可以考虑其在体育市场中的具体位置、竞争情况、市场需求和其他因素。

（二）滨海体育休闲产业优化管理营销策略

1. 建立风险预警机制，健全法治和管理制度

与其他体育运动和娱乐部门相比，沿海体育运动和娱乐部门面临着某些风险。沿海体育和娱乐业的发展与管理应充分考虑建立综合安全和应急系统的需要，以应对不同类型的风险和紧急情况。

对于各种体育资源的保护，中国已经有了比较完善的环境立法，并取得了一定的进展。但与一般的环境保护相比，滨海休闲的环境保护更为全面。因此，发展滨海体育休闲事业的主管部门应尽快制定相关的法律法规，依法惩处非法游泳、乱搭乱建等行为，推进滨海体育休闲事业的发展进程，保护环境，管理好滨海地区，严格控制滨海设施排污，从而促进滨海体育休闲事业的和谐发展。

2. 建立开发监控机制，重视资源的持续发展

目前，中国沿海休闲体育资源分别由旅游、海洋渔业、体育、城建、环保等不同部门管理，管理机构职责不统一。不同目的的管理严重影响了滨海休闲体育资源的可持续利用和企业的自我管理。为促进中国滨海休闲体育资源的可持续发展和滨海休闲体育产业的健康发展，我们应从以下几方面入手，建立严格的滨海休闲旅游设施监督管理制度。

（1）制定适当的使用权转让程序。

（2）沿海旅游休闲中心经营者的遴选应通过公共采购程序进行，适用具体的参与标准，重点关注经营者的适宜性和经验。

（3）建立健全管理制度和监督纠错机制，注重滨海旅游休闲开发的规划管理，注重滨海体育休闲开发建设项目的科学评估，严把项目许可关。

3. 依托体育赛事，推动海上中远程游船、游艇等运动休闲产品开发

在滨海运动休闲领域，除了滨海旅游和假日旅游外，最具生产力和吸引力的是中长期休闲旅游产品，如游轮、游艇和帆船等。这些产品不仅丰富了滨海休闲活动的多样性和文化内涵，而且延长了滨海休闲旅游的时间，促进了中国滨海旅游全年均衡发展。近年来，海南、深圳等滨海城市举办了一系列大型体育休闲旅游活动，极大地推动了中国滨海体育休闲的发展。

随着中国社会经济的不断发展，许多富裕家庭对滨海休闲运动的需求不断增加，中国滨海休闲运动行业具有巨大的发展潜力。目前，帆船、游艇、帆板和风帆冲浪等运动在中国大中型沿海城市的极限运动爱好者中非常流行。

在沿海地区举办大型体育赛事，不仅能提升中国沿海体育的价值，增加当地社区和企业的经济效益，还有助于沿海体育项目的有效开发。大型国际滨海体育娱乐赛事为开发海洋旅游新的娱乐产品提供了契机，如海洋游览、海洋体育娱乐、港口参观、海鲜品尝、渔村体验和各种海洋活动等，有助于中国滨海体育娱乐体系的发展，促进体育产品的多样化发展。

4. 加快培养滨海体育休闲专业人才，提高旅游服务质量，满足市场需求

人力资源是沿海体育和娱乐业发展的一个重要因素，该行业的健康发展与拥有一支高素质的熟练劳动力队伍密不可分。沿海体育娱乐业与其他娱乐活动有很大的不同，沿海体育娱乐业在中国近年来一直是一个新兴的行业，缺乏熟练的劳动力是沿海体育娱乐业发展的障碍。这也是一个重要因素和客观事实。因此，我们应重视沿海体育和休闲部门的发展需求，重视人员培训，以满足沿海体育和休闲活动使用者的不同需求。

(三)户外体育休闲产业优化管理的营销策略

1.开发潜在客户

与其他体育器材相比,户外体育器材更耐用、更耐老化,但销售潜力较小。因此,销售户外运动装备需要销售和管理人员投入更多资源和精力,以吸引大量潜在客户。

目前,很多中国消费者并不知道什么是户外运动,参与率也很低。调查显示,很多人认为户外运动是运动员和学者进行的专业运动,其实不然。因此,需要更多的宣传、信息、示范和体验来帮助人们了解什么是户外运动。

作为一项新兴运动,户外运动在中国大众体育的视野中出现时间较晚,很多人并不了解户外运动或很少参与户外运动。对此,户外运动休闲部门应重视户外运动的传播与推广,通过广告宣传增强潜在用户的开发意识,吸引更多的人热爱户外运动。

2.以项目特点确定目标市场

调查和研究表明,21~50岁年龄组是户外运动最活跃的年龄组,其他年龄组则不太活跃。目前开发的户外运动项目越来越多样化,以满足不同爱好者的运动需求。不同的项目需要不同的户外运动产品和技术,这意味着提供不同户外运动产品的公司必须根据其项目的特点确定目标市场。

3.以俱乐部活动促进产品销售

户外俱乐部是为户外活动爱好者提供有组织的活动、比赛、培训、会议和其他服务的组织。与亲自在线预订相比,俱乐部更可靠,提供的指导和旅行安排质量更高。因此,许多积极的都是由俱乐部组织的。然而,由于个人的体能、知识和技能不同,积极运动所带来的风险也大相径庭,仅仅依靠户外运动爱好者购买产品或服务是俱乐部面临的一个显而易见的重大风险。

第五章　新时期竞技体育文化的建设与发展

竞技体育是体育的重要组成部分，也是现代体育运动之一。多年来，竞技体育文化取得了许多成就，但也面临着许多问题。本章将竞技体育文化的理论知识、发展阶段、存在问题、影响因素、发展原则和对策等作为课题进行研究和深入探讨。

第一节　竞技体育文化综述

一、竞技体育文化理论体系阐述

（一）竞技体育文化相关概念

1. 竞技体育的概念

任何事物都在不断发展。事实上，竞技体育的概念和内涵也在不断演变。中国在20世纪70年代首次对竞技体育的概念进行了探索和界定。郭锡谦和郭家兴认为，体育有业余体育和竞技体育之分，竞技体育是研究运动训练的科学本质、运动训练的规律和比赛获胜规律的体育运动，是体育活动综合完整的体育运动，是充分发挥人的潜能的运动，是最适合人的运动。

近年来，在中国竞技体育研究发展背景下，一些学者对竞技体育的概念提出了新的看法。中国学者卢元镇认为，竞技体育是体育的重要组成部分，是体育文化发展的最高阶段。田麦久也认为，竞技体育是以竞争为主要特征、以取得优异成绩和赢得比赛为目的的社会体育活动。换句话说，竞技体育不仅是一项体育运动，还具有重要的文化意义，对社会发展至关重要。

竞技体育可定义为是以互惠为基础的体育活动。其基本形式是竞争，是为了在运动成绩和个人成就方面超越他人而追求成就。

2. 竞技体育文化的概念

如今，许多研究者在研究竞技体育文化，但在新时期，竞技体育文化有了不同的内涵。虽然研究者们对竞技体育文化的定义进行了完善和丰富，但对竞技体育文化的概念仍然缺乏共识。

白晋湘认为，竞技体育文化朝着竞争、热情、开放、美和快乐的方向发展，强调人的均衡发展，但它是一种严酷的体育文化。根据中国传统文化，竞技体育文化对竞赛中的道德教育重视不够。曾志刚和彭勇认为，竞技体育文化是一种以民族精神和人文思想为特征的体育文化。李龙和陈中林认为，竞技体育文化是一种先进的体育文化，对发展体能、培养人格、形成健康的世界观和人生观都有积极的影响。

（二）竞技体育文化的特征

1. 规则性特征

竞技体育必须在公平、平等和公开的环境中进行。满足这些要求的一个简单方法就是制定对双方都有约束力的规则，并确保竞技体育中形成的竞技文化以某些规则为特征。同时，竞技体育文化有助于确保运动员在参加比赛之前就了解体育规则，否则他们就不会完全了解比赛是如何进行的。如果运动员不了解和学习运动规则，他们就很难赢得比赛。

竞技体育文化似乎围绕着主体与个人、主体与他者之间的界限而展开。在和平时期，体育比赛是最高形式的"战争"，竞技体育的商业化和职业化意味着人们内心深处的欲望在体育运动中得到了表达，比赛的胜负往往主要由自身利益决定。但是，体育比赛要符合秩序和公平的要求，就必须有人人遵守的规则，对参赛者进行一定的限制，确保比赛整体的公平和公正。换句话说，体育竞赛规则是自我控制机制的结果，是任何体育文化的重要基础。

2. 功利性特征

前面提及的竞技体育文化的规则性已经明确指出，竞技体育正朝着商业化和职业化的方向发展，胜负是收入分配的关键，收入增加并将继续大幅增加。这些因素导致竞技体育更加务实，运动员更加重视胜负。竞技体育文化的功利性，最明显地体现在功利主义是运动员挑战自然和自我的主要动力。

在现代社会，竞争无处不在。对于竞技运动员来说，实用性是自尊的重要体现，是社会认可的一种手段，因而也是生存的一种手段。然而，现代社会对实用性的强调往往会导致竞技体育赛事中出现许多无序和有问题的行为，从而阻碍竞技体育的可持续发展。

3. 选择性特征

一般来说，体育活动的多元性反映了体育文化的选择性。虽然体育活动内容的多样

第五章 新时期竞技体育文化的建设与发展

性为参与者提供了多种选择，但许多竞技体育项目的门槛较高，参与者的选择也是一个问题，由此可以推断体育活动和人们的选择与互动行为有关。一般来说，人们在参与体育活动时会以任何社会角色进行选择，选择的主要标准是活动内容、活动目的和社会角色，这就不可避免地排除了不符合参与者特点和情况的竞技体育项目。

因此，活动的内容和目标是公众选择体育活动的关键因素。运动员选择的活动内容一般都反映在比赛形式上有非常明显的专业性，许多运动员在许多项目上很出色，少数运动员则在许多项目上很出色。这种情况在田径比赛中尤为突出。例如，在同一场比赛中，短跑和跳远都占主导地位，因为这两个项目的许多技术是通用的。

竞技体育文化的选择性体现在对活动的选择上，前提是竞技体育的目标和内容要明确，人们可以根据参与的质量或体育运动的质量目标来选择不同的运动项目或同一运动项目。就职业足球运动员和一般大学生而言，前者对足球的兴趣大多是为了达到更高的水平，也就是为了获得更高的利润，后者对足球的兴趣则是因为竞争心理，但这种竞争主要是非智力方面的。

4. 互动性特征

竞技体育活动的互动性往往体现在参与者之间的互动上。在参与体育活动时，参与者不可避免地会在不同层面进行互动，例如场外交流，以及团队运动中运动员在场上的互动。除了竞技体育文化中的互动是由场外观众产生的这一事实外，许多体育活动中的互动内容在形态上也具有相似性，这大大增加了某些类型的互动，即参与者在互动内容中体验到某些结果的可能性。例如，乒乓球以网球为基础，有许多相似之处。在橄榄球、足球和篮球的互动中，也可以发现上述相似之处。

5. 渐进性特征

竞技体育的发展经历了漫长的岁月，其起源是黑手党的游戏和生存技巧。后来，随着人类社会的发展，资源开始得到合理配置，社会各行各业都形成了竞争意识，并最终渗透到体育运动中，重视竞争逐渐成为体育运动的重要特征。如今，竞技体育已成为在人类体育文化中占据核心地位的运动项目。

体育运动具有内在的进步性，尤其是在横向和纵向方面。具体而言，纵向反思指的是运动积极分子在运动后从身体和心理发展方面经历的渐进过程，横向反思指的是运动后出现的不同层次的人格类型。体育运动的渐进性是指运动员在长期参加体育运动后所经历的一系列行为，其主要目的是影响他们的体育行为，使他们能够更好地实现自己的体育目标。

6. 多样性特征

竞技体育不仅是个人或团队之间的竞争，而且，在竞技体育文化中，竞技体育中的不同角色往往采取截然不同的形式。例如，运动员和教练员都是竞技体育的利益相关者，但他们的角色却大相径庭，共同致力于取得令人满意的成绩，并最终获得一定的经济和道德利益。

观众不是体育赛事的主角，但他们是竞技体育的重要观众，体育赛事的观众是来获得身心愉悦的。现代竞技体育产业化是在比赛对观众有很大吸引力的基础上逐步发展起来的。如果比赛的观众人数不多，竞技体育产业化就会面临严重的问题。

体育赛事的组织者可以被视为体育商品的生产者。在现代社会，很多人将体育赛事视为一种商品，生产者的生产水平直接影响着体育赛事商品的实际价格，而体育赛事商品的最终利润就是体育赛事生产者的利润。毫无疑问，这里所说的体育赛事的价格，只是竞技体育的价值。除了众多的经济效益之外，优质体育赛事的组织和营销也带来了重要的政治和社会效益。

竞技体育的诸多文化内涵是体育体现多样性的重要原因。竞技体育的文化内涵是独特的，这体现在参与竞技体育的人身上，无论是运动员还是公众。竞技体育的运动员往往有明确、清晰的目标，并以运动队或组织者制定的规则为指导。与目标明确的运动员相比，一般公众在比赛中会比较放松，因为比赛的种类更多，但竞技水平较低。因此，体育赛事内容的多样性是一个重要因素。当体育赛事的目的和内容发生变化时，参赛者参加比赛的方式就会与以往大不相同。

（三）竞技体育文化的价值

1. 道德建设

在中国体育教育中，所有运动队都努力弘扬爱国主义和集体主义，这有助于运动员形成正确的态度、价值观和体育文化。在竞技体育中，中国运动员培养了孜孜不倦的精神，艰苦奋斗、严于律己的精神，不断钻研、勇于创新的精神，集体主义、团结协作的精神，忧国忧民、心系天下的精神，为争取民族胜利而奋斗的精神，以及胜不骄、败不馁的乐观主义和革命英雄主义精神。这不仅是中国工业发展的好榜样，也是中国民族复兴的重要条件和宝贵资源。

2. 公平意识

任何竞技体育项目都必须遵守某些规则，这些规则要求所有参与者（包括运动员、教练员和裁判员）遵守公平和公正的原则。在竞技体育中，运动员评判标准相同。同样重要的是，比赛结束后，胜者和负者也要按照相同的标准来评判。标准不同，比赛就很难实现公平。

在竞技体育中，所有运动员都有权在合法比赛条件下自由、公平地赢得比赛。在比赛中，所有运动员都必须严格遵守公平竞赛的原则，遵守既定的竞赛规则，以避免对手的不公平行为。因此，竞技体育中的公平竞赛理念对人的发展起着非常重要的作用。

3. 竞争观念

与其他体育项目不同，竞技体育具有很强的竞争性。由于这种竞争性，竞技体育对文化产生了重大而重要的影响，在促进社会竞争文化发展方面发挥着非常重要的作用。在中国，竞技体育有着悠久的历史。在漫长的封建统治时期，中国人丧失了进取精神，因身体素质差、体质弱，常被称为"东亚病夫"，缺乏自卫的竞争精神。

西方体育传入中国后，中国社会生活的方方面面都发生了变化，体育文化也受到了一定程度的影响。随着西方竞技体育文化的传播，健康、积极的竞技精神开始渗透到生活的方方面面，对中国多元价值观的建立和发展起到了重要作用。从某种意义上说，西方体育的竞技精神在很大程度上反映了市场经济发展的基本要求，竞技体育的竞争价值观也随着时间的推移而不断发展。

4. 国际化观念

竞技体育受到许多因素的影响，如国家的传统历史、仪式和文化信仰。然而，竞技体育不分国界，是人类文化不可分割的一部分。体育逐渐成为全球化的人道主义语言，加强了世界各国人民之间的交流与互动，为促进和维护世界和平发挥了积极作用。

改革开放后，中国体育迅速发展，引起了国际社会的关注。中国体育健儿在众多国际大赛中屡获金牌，体育的重要性日益凸显，增强了中国人民的自信心和自豪感，为中华民族的伟大复兴奠定了基础。在竞技体育中提倡公平、公开、平等的竞争，有利于促进国际和平竞争理想实现。体育教育对中国的发展具有重要影响，使我们能够在竞争全球化、政治和文化多元化的国际社会环境中生存，成为世界强国。

（四）发展竞技体育文化的意义

1. 竞技体育文化对人本和谐社会的构建

以人为本的适应概念形成主要基于以人为本的方法。发展始终是关于个人和为个人服务的。因此，只有生活在有利环境中的个人，才能为当地发展做出贡献。环境是复杂的，包括个人的内部和外部环境，如身心健康和社会凝聚程度。一些研究人员认为，竞技体育文化对人的凝聚力大有裨益。这一观点并不新鲜，早在几千年前，古希腊人就开始推广和采用这一观点。考古学家发现了刻在石头上的一句古希腊名言："如果你想变得强壮，那就奔跑吧！如果你想变得聪明，那就跑步吧！"跑步是一项简单、实用的体育活动，它能激活身体的多种机能，有助于减轻内心压力，保持身体健康。这就是古希腊人热衷于体育锻炼的原因："健康的心理意味着健康的身体。"

现代奥林匹克运动的创始人顾拜旦在他的《体育颂》中表达了对体育运动的赞美，突出了体育对人的身心的积极影响。

2. 竞技体育文化对人际关系的构建

如今，我们自己能做的事情越来越少。这必然意味着社会正在走向多元化，我们不得不在他人的帮助下开展工作。如果能够灵活处理人际关系，就能更有效地开展工作，否则就会面临各种障碍和困难。人际关系运行良好的主要目的是与他人保持公平、公正的平衡。如果这种平衡被打破，人际关系问题就不可避免地产生了。人际关系良好时，每个人都有权利和义务，尤其是对群体中的每个成员，不能为了共同利益而将每个人的权利和义务分开对待。一旦出现这种情况，和谐的人际关系就会破裂。然而，如果人们始终遵循人际和谐的一般规则，即使他们之间发生冲突，也不会对共同目标和结果产生多大影响。这是因为人是有感情的，他们的思想和精神状态自然会随着事件的发生而产生一定程度的变化。

根据对人际关系概念的详细定义，并考虑到人际关系在竞技体育文化中的重要性，我们可以得出这样的结论：竞技体育所特有的尊重中立的原则，以及公正和公平的做法，是协调人际关系的基本条件。这一原则的结果是，参加体育竞赛的不同国家运动员的出身和隶属关系变得无关紧要，甚至国籍也成了无关紧要的因素，所有运动员在相同规则下参加同一比赛的唯一竞争标准是体能和能力。这就强调了在竞技体育中人与人之间平等、和谐关系的重要性。

与过去相比，现代体育运动的产业化趋势不可避免，争夺胜利的竞争也愈发激烈。为了实现利益最大化，许多人抛弃了既有的体育道德，采取了各种不道德的手段。例如，一些运动员为了成名而使用兴奋剂。这些分裂因素不可避免地导致人们抵制奥林匹克运动会。总之，与体育有关的文化社团对发展人与人之间的和谐关系有着极为积极的影响。如果违反了这些准则，竞技体育的发展就会停滞不前，甚至恶化。

3. 竞技体育文化对和谐国际社会的构建

在古希腊，奥林匹克运动会不仅是竞技比赛，也是非常重要的定期仪式，是古希腊文明的特色体现。古希腊城邦林立、战乱不断的社会背景催生了人们举办奥林匹克运动会的想法。"神圣休战"约定对后来竞技体育的发展产生了重大影响。不难看出，政治团体之间的和平与友谊，即和谐的基因，已经存在于这个时代的竞技体育中。即使在现代奥林匹克时代，国际奥林匹克委员会也建议世界各国在奥运会期间不要发生敌对行动。

4. 竞技体育文化对人与自然和谐的构建

人与自然和谐相处意味着，人类社会的发展不仅要考虑到人，还要考虑到自然，以创造人与自然、生物与非生物、时间与空间之间的和谐。人类发展的方方面面都与稳定、和谐的自然环境密不可分，人类行为必须特别注意与自然和谐相处。竞技体育与人类在自然界的生存相对应，它的存在依赖于特定的自然环境。竞技体育要实现可持续发展的目标，就必须利用和保护自然环境，两者必须协调统一。

随着人类社会的发展，人类赖以生存的自然环境日益恶化。一方面，这可以看作人类发展的规律，人类的发展必然导致对自然资源的消耗和对土地的开发；另一方面，人们越来越意识到环境退化和治理的紧迫性与重要性，并寻求对环境的保护。同时，竞技体育往往以自然环境为依托，必须建立在人与自然和谐相处的基础上，否则，就难以焕发出鲜明、清新和积极的色彩。国际奥委会致力于确保奥林匹克组织者关注环境问题，并在奥林匹克活动中体现这种关注。这将确保奥林匹克运动的所有参与者都了解可持续性的重要性。为此，国际体育运动在多个领域做出了重大努力，并提出了一系列切实可行的措施，在体育赛事期间保护自然环境，以避免体育赛事对环境产生越来越大的影响。例如，美国丹佛市就因为提出了破坏环境的建议而失去1972年冬季奥运会的主办权。同年慕尼黑奥运会的口号是"在健康的环境中举办健康的奥运会"。以这种方式举办奥运会的想法，显然与保护环境的目标密切相关。当时，一个城市被选为奥运会举办城市时，就会制定保护环境的战略和措施。如果不符合这些条件，就不允许举办奥运会。北京之所以胜出，是因为它在推动环保奥运、鼓励和支持人与自然和谐发展方面发挥了重要作用。

在现代竞技体育中，"绿色"一词的深层含义是体育与自然环境的共生和相互尊重，充分体现了人与自然的情趣和人与竞技体育的情趣。从这个意义上不难理解，竞技体育文化所蕴含和倡导的"绿色体育"理念，有助于人与自然的和谐相处，是竞技体育可持续发展的重要内容。

二、竞技体育文化发展现状及存在问题分析

（一）竞技体育文化研究现状

要发展竞技体育文化，首先必须正视这些领域的现状。体育文化由多个部分组成，竞技体育文化只是其中之一，也是现阶段在社会生活中理解体育文化的重要方式。竞技体育文化是一个独特的文化体系，由多个门类和部分组成。竞技体育文化包括民族竞技体育文化和国际竞技体育文化。

1. 关于竞技体育文化内涵的研究

李龙与陈中林指出，现代体育文化的基础是几个要素的和谐，包括人的精神的和谐、人与自然界的和谐、人与人之间关系的和谐。人与自然和谐相处，就是既要关注人，也

要关注自然,把人与自然的优势结合起来,找到生物与非生物共同发展的途径。对已发表的研究成果的回顾表明,体育在其发展过程中从未完全脱离政治和利益,而将非体育问题融入体育文化,即使其成为体育文化的一个组成部分是可能的,从而得出结论,文化和谐的目标是可以逐步实现的。

学者曾志刚和彭勇在《竞技体育文化的几点内涵探析》一文中,以竞技体育的文化本质和民族精神为主要内容,从不同角度对竞技体育文化的内涵进行了研究。关于竞技体育的文化本质,他们指出,竞技体育是一种社会文化实践,其文化存在的理由是满足工业化发展的社会需求。同时,他们对竞技体育在民族精神发展中的作用做了如下阐释。竞技体育文化的民族精神应从国际视野来理解和分析,国际奥林匹克精神与民族精神是相辅相成的,是国家和民族的共同理想与目标。奥林匹克文化也是"民"的体育文化,通过奥林匹克文化,结合体育锻炼,实现对人性的感召。李龙在《阐释竞技体育文化的活力与和谐内涵》一文中,也对竞技体育文化的和谐内涵进行了分析和探讨。文章的主要观点是:体育与德育、智育、美育、业务教育有着和谐的关系,对培养各种人才非常有效。竞技体育作为一种特别重要的体育教育形式,以其特有的文化特征,创造着人与人之间的身心和谐、个性和谐,以及人与环境的和谐。然而,必须强调的是,这种和谐是动态的,取决于具体的情况。

2. 关于竞技体育文化特征及价值的研究

由于竞技体育文化的特点和价值观在一定程度上有别于其他体育项目,因此,竞技体育文化的特点和价值观是一个应优先考虑的必要研究领域。在这方面,许多研究者对竞技体育文化的特点和价值观进行了深入研究,并收集到了有价值的信息。

在《对竞技体育文化特色的研究》一文中,研究者李萍美和孙江对西方体育运动的文化进行了研究和分析,得出结论:西方体育运动之所以成为现代体育运动,是因为它们具有为社会所接受的特征和价值观。根据分析,东方传统体育显然不具备这些特征和价值观,因此竞技体育发展至今,很少得到国际认可。因此,研究小组认为,只有积极利用和有选择地采用与西方竞技体育相关的文化特征,才能对当地传统体育的发展产生积极影响。

张涛、荀扬研究员在《竞技体育文化特征探析》一文中,将其要点归纳如下:奥林匹克运动已经超越了一般的体育文化,其核心是竞技体育文化。竞技体育文化已经逐渐成为社会发展的主导文化,体现了竞技体育文化的特征。它不仅在很大程度上体现了竞技体育文化的特点,而且在确定活动的目的、内容和性质时,体现了竞技体育文化的多样性、规律性、连贯性、选择性和实用性等特点。

张飞定、李龙研究员在《我国现代竞技体育文化的特征》一文中指出,当代体育竞赛文化是一种同时融合了精神文化、礼仪文化、体育文化、道德文化等多方面内容和价值的体育文化形态。

学者林萌在其发表的《论竞技体育文化的价值及发展趋势》一文中，重点对竞技体育文化的价值进行了分析和探讨，阐述了竞技体育文化的教育价值、经济价值、娱乐价值，以及竞技体育文化未来的发展方向。

张连江和李杰凯在《全面小康社会与绿色体育文化建设的广义进化论阐释——兼论竞技体育文化建设中的价值观问题》一文中，也对体育界的特点和价值观进行了研究，其中特别分析了以下几个方面的问题。针对竞技体育中的各种不良行为，他们强调其源于价值观和价值体系的扭曲与错位，并详细分析了价值体系"外泄"的后果和竞技体育文化生存空间的缩小；价值体系"流失"和竞技体育文化生存空间缩小的后果。体育系统反腐倡廉的普遍性问题；加强体育发展战略研究，打造"绿色"体育文化；结合中国国情制定发展目标；坚决打击体育文化的灰色污染；加强体育相关法律法规的公开制定；完善体育发展公共机构的合理监管。

3. 关于竞技体育与科学发展观的研究

竞技体育的研究现状和科学发展观体现在一些研究者的理论基础中。例如，田麦久教授在《试论我国竞技体育的科学发展与国际责任》一文中指出，中国体育在发展过程中应遵循"以人为本，全面、协调、可持续发展"的科学发展观的原则和要求，强调要完成制定、规划和组织工作，找准体育的社会背景，充分运用"享受体育过程"的现代理念，优化竞技体育发展环境，努力从根本上提高运动员的身体素质。裘天梅教授还表示，将支持中国竞技体育进一步发展，巩固竞技体育在国际体坛上的地位。因此，我们都应关注当前形势，更加积极地参与国际体育事务，为世界竞技体育和世界竞技体育文化的发展做出贡献。

王勇在其发表的《发展体育产业必须树立科学发展观》的文章中，将中国竞技体育的理念与科学发展的历程相结合，指出竞技体育应遵循产业发展的历程。在这一过程中，竞技体育应按照体育产业的基本要求，监控健康，确保和谐发展。

4. 关于竞技体育文化公平发展的研究

范素萍在《重塑体育公平竞争的理念》一文中，在对体育公平竞争文化发展的研究中，理解和认识到体育竞赛中公平竞争的必要性和重要性，以及突出公平竞争基本要求的重要性。他指出，我们必须找到这样做的方法，要加强体育道德建设，弘扬优良道德风尚，维护权威性，管住各种规则，加强监督，努力确保竞赛环境风清气正，规范和优化激励机制，鼓励群众见贤思齐。

刘湘溶和刘雪丰在《竞技体育比赛中的欠公平状况及其合理性评判》一文中认为，

公平在竞技体育中至关重要。当今竞技体育中不公平的情况越来越普遍，尤其是在场地器材、训练和赛前比赛等方面，有必要全面提高竞技体育的公平性。造成不公平现象的主要原因之一是缺乏理性和判断力。为确保竞技体育的可持续发展，相关各方应努力认识到竞争的重要性，以及竞技体育中的道德公正理念。

5.关于竞技体育多元化发展的研究

研究人员将竞技体育中出现的这种异常现象称为"竞技疏离"。焦现伟、闫领先和焦素花等在《关于竞技体育异化理论的探究》一文中发表了他们对这一现象的研究。科学技术的发展是永恒的，但竞技体育对科学技术的异化和对人性的摧残是不科学的。

徐红萍在《关于竞技体育异化问题的探究》一文中阐述了随着市场经济的引入和发展的深入，竞技体育的发展逐渐走向商业化和专业化，竞技体育的异化问题受经济的影响越来越多，逐渐成为当前制约竞技体育发展的主要因素。竞技体育异化问题是当前制约竞技体育发展的主要因素。解决竞技体育异化问题，必须以理论为基础，深入分析。本文在竞技体育异化概念的基础上，总结了竞技体育异化现象，深入分析了竞技体育异化问题的具体原因，并紧密结合现状提出了解决竞技体育异化问题的具体策略。

庞建民、林德平和吴澄清在其发表的《对竞技体育中异化现象的分析与研究》一文中认为，体育文化异化现象是阻碍和威胁体育文化发展的毒瘤，应分析和研究体育文化异化的相关问题。在今后的体育文化发展中，我们应深刻认识体育文化异化现象的意义，从不同角度分析其成因，提出解决体育文化异化问题的基本思路。换句话说，就是要吸收和弘扬人文精神，促进体育运动本质的回归，在一定程度上缓解体育运动的政治作用，合理进行商业化管理，尽最大努力做好体育运动。

杨杰和周游在其发表的《论竞技体育的观念及其异化》一文中提出了运动员之间的友谊、运动员的爱国主义精神和体育比赛的审美水平等重要问题。竞技体育概念主要反映竞技体育的思想境界，指运动员之间的友谊、运动员的爱国主义精神和体育比赛的审美水平。在抽象的国家概念和市场经济的功利原则背景下，体育概念被边缘化。体育概念的清晰界定是体育迅速发展的前提。

（二）竞技体育文化发展问题分析

社会在不断发展，给竞技体育文化带来了积极和消极的变化。特别是负面变化给竞技体育文化带来了许多问题，限制了竞技体育的可持续发展。这些问题往往表现在以下几个方面。

1.竞技体育中拜金倾向严重

随着社会的不断发展和体育比赛的增多，竞技体育的商业化逐渐成为一种趋势。竞技体育的参与者,包括教练员和运动员,在参加体育比赛时,尤其是在比赛过程中,主要是为了促进自身的利益。胜者与败者、俱乐部与运动员的利益紧密交织在一起,在这种情况下,腐败现象就产生了。由于这种现实情况,竞技体育中的腐败现象时有发生,参与腐败行为的人别无选择,只能采取不公平的手段来实现自身利益的最大化。运动员也意识到,增加获奖次数是吸引国际媒体关注和获得大品牌赞助的有效手段,一些技术较弱的运动员也会采取这种手段。在以利益为基础的体育文化中,运动员使用兴奋剂和其他非自然的谋利手段,暴露并破坏了公平竞争的原则。这不仅损害了参与者的尊严,也对以人为本的体育科学的发展产生了毁灭性和破坏性的影响。

2. 运动员的运动理念出现偏差

现代竞技体育的发展导致不同运动项目数量和商业成分的增加。许多俱乐部和运动队出于商业利益的考虑,忽视了年轻运动员的训练和发展。运动员的成绩与教练员和俱乐部的经济利益直接挂钩,运动员的发展理念被忽视。在许多体育联合会和俱乐部中,教练员对运动员的发展认识不足,唯成绩论,不重视保持运动员的身体和生理状况,对运动员的科学知识、心理素质和体育精神培养重视不够。这些因素阻碍了运动员在职业生涯结束后顺利地适应社会。这些普遍存在的问题,使得运动员在退役后难以完全适应正常的社会生活。许多运动员在退役后由于自身能力与社会需求严重不匹配,很难找到满意的工作,从而面临种种困难。专业运动队和俱乐部应认真考虑运动员在这一时期的竞技体育准备工作,不仅要注重成绩,更要为他们提供基本的文化知识,打好基础,鼓励他们发展技能,使他们将来能够胜任其他角色。

3. 政治因素仍然存在于竞技体育之中

竞技体育的状况与一个社会所处的环境密切相关。政治是人类社会文化的产物,社会中的竞技体育也受到政治因素的影响。许多体育概念包含了体育与政治分离的思想,以充分说明体育的概念,但实际上很难满足这一条件。即使是顾拜旦也没有打算将体育与政治分离,只是想利用体育来改善世界各国之间的政治关系。中国竞技体育的发展表明,竞技体育对政治的影响特别大,"乒乓外交"就是一个例子。世界上还有许多国家和组织在重大国际比赛中制造问题,并试图扩大其影响力,以满足某些政治要求。这给体育运动带来了非常消极的后果。1980年,以美国为首的西方国家出于政治原因抵制莫斯科奥运会,以苏联为首的一些社会主义国家抵制1984年洛杉矶奥运会。

苏联解体后,世界和平发展趋势增强。得益于这种国际形势和对体育哲学的理解,政治对体育的影响在世界各国逐渐减弱。然而,在未来的一段时间内,政治和权力霸权的阴霾仍将笼罩体育运动,阻碍竞技文化的发展。

4. 对竞技体育的狂热导致暴力事件频发

竞技体育中的暴力不仅包括球员实施的暴力，还包括观赛球迷实施的暴力。因此，不难理解为什么竞技暴力（在英国足球中被称为流氓行为）在足球和篮球等流行运动中更为常见，但这并不是导致竞技暴力的唯一因素。涉及球员之间激烈身体接触的体育运动也会引发竞技暴力。在涉及相对身体对抗的竞技运动中，运动员可能会在比赛规则要求的范围内，通过适当的身体接触或对抗在特定情况下获得优势。但是，有些运动员为了赢得比赛或对裁判员的不当行为表示不满，可能会采用"丑陋"或肢体暴力的方式，对裁判员使用辱骂性语言或故意破坏比赛气氛。这就严重违反了竞赛规则。

许多国际体育组织出台了严格的制裁措施，以防止出现不符合体育道德的行为。但暴力是无法完全避免的。例如，2012年，在埃及的一场足球比赛中，两队球迷因座位问题爆发暴力冲突，数人死亡。竞技体育中的暴力行为严重阻碍了竞技体育的科学发展。

5. 过度开发竞技体育资源严重破坏生态环境

在竞技体育产业化的同时，它对体育器材的需求也在增加。因此，许多国家每年在设施上花费巨资，以满足对竞技体育的需求。与此同时，体育场地和设施的建设需要充足的自然资源，有时还需要占用农田。从某种意义上说，这是对生态环境的破坏，对维持现有的生态条件有负面影响。此外，大型体育赛事环境影响评估措施的选择和应用效率低下，可能会给主办城市带来环境和生态问题。

总之，竞技体育文化的发展会对环境产生影响。体育赛事的组织者和所有社会成员必须共同努力，防止和尽量减少与体育文化发展相关的负面环境影响。

第二节 影响竞技体育文化发展的因素分析

一、政治因素对竞技体育文化发展的影响

自竞技体育诞生之初，体育与政治就有着千丝万缕的联系。一般来说，竞技体育具有特定的政治和社会经济基础，并受到政治和经济因素的强烈影响与制约。在这种情况下，体育运动不断发展。

体育与政治相互关联，特定历史时期的社会政治要求往往对体育的性质和目的产生重大影响。在当今社会，体育是一种文化现象，为社会各阶层所接受和支持，并使整个社会受益。在这种社会背景下，体育作为政治社会化的一种手段变得越来越重要。参加

国际比赛的运动队代表着国家，他们的荣誉和成就与国家紧密相连。随着国家荣誉在现代竞技体育中的体现，比赛结果比以往任何时候都更加重要，观众的情绪也会随着比赛的结果而变化。这说明政治因素对体育运动发挥了较大的作用。

如今，竞技体育的整体发展水平已成为衡量一个国家综合实力的标准之一，反映了国家和民族在世界上的地位及其政治地位。在一些重大国际比赛中，每一次胜利都会唤起国家和民族的自豪感和爱国主义。[①]

二、经济因素对竞技体育文化发展的影响

经济影响竞技体育文化的因素主要包括两个方面：一方面，社会经济促进了竞技体育的发展；另一方面，竞技体育本身也能创造巨大的竞争价值，支持社会经济的发展。经济因素对竞技体育的影响可以从以下几个层面来分析。

（一）社会经济为竞技运动的发展提供了必要的设施及条件

除了奥运会带来的诸多影响外，主办城市的基础设施、体育设施和体育场馆建设的力度将大幅增加。

（二）社会经济基础是竞技体育发展的保障

现代奥林匹克运动受到社会经济的制约。1896年举办第一届现代意义上的奥运会时，希腊正面临着严重的经济困难，它呼吁社会各界参与筹款活动，以筹集足够的资金尽快举办第一届奥运会。对奥林匹克运动历史的详细分析表明，现代奥林匹克运动是在市场经济的影响下形成的。这再次证实经济因素在奥林匹克运动发展中的作用。

（三）竞技运动的结构和手段受到社会经济发展水平的制约

现代竞技体育的发展表明体育设施、体育器材和运动服装等经济因素的重要性。例如，最优秀的运动员会使用科学的设备和训练方法来取得理想的成绩。

（四）竞技运动的规模和水平受到社会经济发展水平的制约

人类文明的发展离不开进化的客观规律，竞技体育的发展也离不开竞争的推动作用。竞技体育要想朝着更好的方向发展，就需要有坚实的经济基础。

---

① 王彦英. 多元体育文化的创新与发展研究 [M]. 北京：中国书籍出版社，2019.

三、科技因素对竞技体育文化发展的影响

随着现代竞技体育的发展，科技元素变得越来越重要。这是因为，现代优质体育赛事与电视、计算机网络和其他科技宣传手段密不可分。此外，现代大型体育赛事需要科学的管理、科技产品来保证赛事的顺利进行。由于科学技术的飞速发展，这里所说的变化可以说是现代社会重要的发展之一，因为竞技体育的发展反映了公众参与的趋势，也为竞技体育增添了许多色彩。

有证据表明，现代体育比赛正在成为一个科技战场，涉及许多不同学科的科学家。体育纪录的创造取决于许多科学和技术因素。体育、科学和技术的融合，使比赛变得"更高、更快、更强"，并鼓励科技创新和发展。

这些结果表明，竞技体育可以在一定程度上促进各国人民和各国之间进行密切的合作，促进科技进步。体育与科技发展是相互联系、相互影响、相互促进的。即使是通信工具的发明和现代技术设备的使用，也可以看作科技进步的结果，体育器材、场地和服装的成本也受制于科学技术。科学技术不仅影响体育的科学意义，也影响了体育在特定时代或时期的价值。

第三节　竞技体育文化发展的理念与对策

一、竞技体育文化的发展方向

（一）激发"享受体育"的发展方向

体育是对人类运动能力的挑战，是对健康和美的强烈追求，是人类持续不断地努力，也是现代人类文明发展和进步的窗口。这些理念意味着竞技体育的目的不再局限于在比赛中取得令人满意的成绩。竞技体育文化必须朝着"享受体育"的方向发展。"享受体育"的概念包括几个方面，如运动员在赛场上的享受、裁判员在赛场外的享受和观众在赛场附近观赛的享受。

在竞技体育中，只有一个人或一个团队能够登顶。大多数运动员在排名中败下阵来，还有一些运动员终其一生都在为登顶而努力，但却从未登上领奖台。未能登上体育世界顶峰的运动员可能会感到失败，但这并不意味着他们在开始竞技体育生涯时做出了错误的决定。体育运动中有输有赢，但无论是成功还是失败的运动员，不仅能享受成功的喜

悦，还能从失败中汲取经验和教训。在竞技体育中，许多运动员能参加高水平的比赛，并获得其他人无法获得的人生经验和灵感。无论是对成功者还是失败者来说，这些经历和情感都是无价之宝，并能提供宝贵的人生经验。因此，竞技体育文化的发展不仅要灵活拓展"体育之乐"，给运动员带来巨大的利益，而且要为体育文化的发展和进步做出贡献。

（二）坚持"人文理念"的发展方向

体育文化发展的方方面面都必须考虑到人文体育理念的发展。人文体育理念不仅是21世纪竞技体育的重要价值，也是社会可持续发展的推动力。促进人的全面发展是竞技体育发展的终极目标。人文体育的理念尤其反映了这样一个事实，即人类的均衡发展是一个不断提高人们生存机会的过程，健康、长寿、接受优质教育的机会以及从整体角度看的高水平福祉则是人类发展的重要指标。

发展人文体育是社会发展规律的具体体现，是科学发展观的具体落实，是构建社会主义和谐社会的全新途径。遵循"以人为本"的原则，理解体育的人文理念，确保竞技体育的发展始终面向社会和个人的全面发展，可以极大地推动竞技体育文化的发展。要努力提高人们对体育在预防各种疾病、增强体质、提高业务和学习成绩、改善身心健康和生活质量等方面重要性的认识。同时，要提高对运动员的人性化待遇，在训练过程中对运动员进行有意识的、系统的科学教育，采用各种方法提高运动员的自律性和综合素质，使他们在训练和比赛中时刻意识到自己，能够毫不犹豫地遵守竞技体育的规则。完善退役运动员保障体系，减轻运动员压力，使他们能够将所有的时间和精力投入训练和教育中去，还应该为退役运动员制定良好的保护制度。以人为本的体育理念意味着运动员要科学地利用体育运动，学会自我发展，在体育运动中寻找快乐，极大地提高自己的体能和智能。

人文体育理念在体育文化各方面的发展趋势，促使研究者投入更多的时间和精力来研究体育文化，丰富中国的人文体育研究，积极引进国外的人文体育理念，想方设法完善和丰富中国体育文化的理论研究体系。

二、竞技体育文化的发展对策

（一）坚持以人为本的发展策略

人在竞技文化的发展中起着关键作用，体育竞技文化的发展必须建立在发展以人为本的文化、积极采纳和实施以人为本的战略的基础之上。

发展体育文化的一切措施和手段，都必须充分适应社会主义市场经济体制的改革和创新，严格遵循以人为本的科学发展方向。发展竞技体育的最终目的是切实办好全民体育教育，全面促进全社会的体育文化建设，进一步提高人民的身体素质，加强民族团结，促进中国与世界各国和平共处。显而易见，在发展竞技体育文化的过程中，不仅要以提高商业经济效益为目标，还要促进竞技体育参与者的全面发展。在培养运动员的过程中，应组织和引导学生将更多的时间用于掌握各种文化技能，践行和全面落实"知识、文化、竞技全面发展"的教育理念。只有加强知识和文化的学习，才能使运动员在训练期间更好地了解自己对社会的权利和义务，为退役后融入社会打下基础。

（二）坚持全面、协调、科学化的发展

竞技体育文化的发展必须考虑整体和谐发展的科学理念。体育文化的全面和谐发展是指调整体育在国家经济和社会发展中的作用，调整体育与其他运动项目的关系，调整单项体育活动及其组成部分之间的关系，调整体育与社会其他方面的关系。它意味着调整体育与社会其他方面的关系。

要实现中国体育强国的战略目标，就必须在不影响体育事业各方面发展的前提下，促进中国体育事业的统筹协调发展。中国体育事业的和谐发展，要以国家方针政策为指导，以经济建设、政治建设和精神文化建设为基础，在竞技体育融合发展的同时，兼顾业余体育、学校体育和社区体育的共同发展。只有这样，才能促进中国体育的综合协调发展。

（三）坚持人与自然的可持续发展

高度尊重人与自然的可持续发展，是竞技体育文化发展中必须考虑的要求，同时也必须考虑环境在确保竞技体育文化可持续发展中的作用。体育运动是人类社会生活的组成部分，其发展不可避免地会对城市的环境状况产生负面影响。例如，大型体育比赛需要建造大型体育设施，并精心准备必要的装置和设备。为了达到建设体育设施的目的，势必要开垦森林，占用农田，造成自然环境的破坏。竞技体育对自然环境造成破坏的问题正在从多方面加以解决，并在许多领域采取了保护人与自然和谐发展的措施。

（四）坚持与国际社会的协调发展

从总体上看，竞技体育文化的发展具有多元性和多样性的特点，不应该是封闭式的，而要适应世界体育发展的步伐，努力参与和发展世界体育。

例如，中国在乒乓球、羽毛球、蹦床等运动项目上具有优势，不仅要保持和提高这

些项目的优势，还要通过多种形式加以发展和推广，加强与世界各国的合作与交流。对于网球、台球、冰雪运动等有潜力的项目，中国应采取积极主动的态度，学习和借鉴其他国家的成功经验，不断提高中国竞技体育项目的整体水平。国家不应故意容忍劣势项目，坚决反对劣势项目的不作为。迄今为止，竞技体育和竞技体育文化的发展与国家社会的发展是相辅相成的。

第六章　新时期体育文化的现代化发展

现代化是社会发展的方向和目标，现代社会的发展是全球性的，现代体育文化的发展也是时代发展的必然要求。随着民族体育文化和竞技体育的快速发展，全球化和工业化的趋势也体现在现代体育文化的发展中。跨国性与融合性的关系日益占据体育文化的核心地位。

第一节　体育文化的全球化发展

全球化是历史潮流，体育文化的发展也顺应历史潮流，体现全球化趋势。世界体育文化的发展模式正从单一性转向多样性，不同国家、不同民族的体育文化在全球化时期发挥着平等、主导的作用，这些不同的模式促进了体育文化的成功发展。

一、"全球化"的内涵

"全球化"的思想源头可上溯至轴心时代。东方哲学即有"天下大同"的观点，阴阳家邹衍认为"儒者所谓中国者，于天下乃八十一分居一分耳"，说明当时的人们已对故国之外的外部世界有所体察，先秦儒家学者提出了"四海皆兄弟""协和万邦""圣无外、天亦无外"等观点。古希腊文明自伯罗奔尼撒半岛扩展至爱琴海、黑海沿岸甚至伊比利亚半岛、北非、亚平宁半岛靠近地中海沿岸的一些地区，各个城邦之间共享文化信仰，开展各类贸易与文化交流，进行神圣的奥林匹克竞技与祭祀活动。苏格拉底、柏拉图、亚里士多德、修昔底德和希罗多德等学者针对政治与国际关系等方面进行了论述。希腊文明衰败后，罗马代之而起，极盛时期成为一个围绕地中海，横跨欧、亚、非三大洲的广袤帝国，产生了"罗马即世界"的一体化理念。

现代全球化的基本概念由西方研究人员雷塞尔和戴维斯于1944年提出。最初，"全球化"是作为一个人文和哲学概念提出和讨论的，后来成为一个更广泛的概念，包括经济模式、信息技术、社会治理等。1969年，学者布热津斯基在他的《两代人之间的美国》一书中预言，世界将历史性地向"地球村"模式演变，一个具有"连贯的社会和文化结构"的世界。20世纪70年代和80年代，联合国关于政治、经济、环境和其他问题的主要国际会议的主题是"放眼全球，立足当地"和"一个地球"。研究人员罗兰·罗伯逊（Roland Robertson）指出："直到20世纪80年代末，或者更准确地说，直到20世纪80年代中期，科学界才认识到全球化是一个重要的概念。"两极冷战模式瓦解后，全球化不断发展，多边外交、超国家组织、互联网和全球市场加强了世界各国之间的关系。中国政法大学还成立了全球化与全球事务研究所。中国也是积极参与全球化进程的国家之一。自21世纪初以来，中国一直是世界贸易组织（WTO）的积极参与者，亚太经合组织（APEC）峰会、北京奥运会和上海世博会的主办国，并在地区和全球舞台上发挥着越来越重要的作用。

目前对全球化的理解主要集中在经济和文化方面。在经济方面，全球化的主要特征是全球市场的出现和世界经济的相互依存。在文化方面，先进的通信技术使人们超越了实际的地理界限，世界文化得以自由传播、联系、交流和融合，人们对世界整体有了更深刻的认识，对和平与进步有了更普遍的理解。从体育文化的角度，本书将体育文化全球化定义为：各国体育文化借助现代信息技术、物流和交通的飞速发展，超越传统界限，通过与世界其他优秀体育文化的交流、结合和相互认同，创造世界体育文化的过程。它被定义为创造和传播反映人类共同理想和追求人类共同利益的全球体育文化的过程。

二、体育文化全球化格局由单一走向多元

体育文化的全球化经历了两个阶段：第一个阶段是随着资本由中心地带向边缘地带扩展；第二阶段，全球化在外围与传统文化相遇、互动、融合，而在中心，强大的文化价值和内容逐渐汇聚，体育文化全球化从单一走向多元。

在第一阶段，西方先进的体育文化在工业革命后主导了国际体育文化，其规则、价值观、场所、空间和景观传播到世界各地，形成了强大的社会影响和文化力量。美国国家篮球协会（NBA）、世锦赛和欧洲五大联赛带动了篮球和足球运动在全球范围内的蓬勃发展。许多国家根据联赛规则、竞技文化和经营理念，纷纷开展现代篮球和足球运动，并建立了国家和地区联赛。明星体育在西方发达国家非常流行，尤其是在年轻人中。在西方国家，阿迪达斯、耐克、彪马等运动品牌大力发展，宣扬竞争、承诺、年轻和自由的文化。希腊的奥林匹克古迹、欧洲和美国的著名俱乐部，以及拥有百年历史的体育场馆，每年都吸引着成千上万来自世界各地的游客。工业化国家发展起来的流行的健身和休闲方式众所周知。西方国家的竞技体育文化强烈影响了发展中国家的体育文化价值观，

出现文化认同和同质化危机。在全球化背景下，强势体育文化的侵蚀和催化作用导致了民族文化的危机，造成民族体育缺乏理论解释，缺乏竞争力，文化发展的目的不明：是发展真正的民族体育文化，还是在国际体育发展中推广竞技和娱乐的典范形式。这反映了人们对发展纯正的民族体育文化还是在国际体育发展中促进具有示范性的竞赛和娱乐形式存在疑虑和困惑。

在第二阶段，地区性或弱势体育文化接近全球化，全球化体育文化的出现更为复杂。在体育全球化的情况下，地区性或弱势体育文化积极利用全球化来提高自己的声望，利用强势体育文化行使自由裁量权。一些国家利用全球化的规则和条例、竞赛、体操和娱乐文化，将本国的体育文化整合和改造成更加现代化、全球化的体育文化，另一些国家则在保持本国独立体育文化的同时，允许自己受到强势体育文化的影响。有些国家甚至将自己的体育运动输出到其他国家，活跃在世界舞台上。2021年，世界跆拳道联盟（WTF）有211个成员国，国际柔道联盟（IJF）有187个成员国。这两项东方体育运动遍布世界各地，造就了许多国际明星。世界上一些名人是这两种东方武术的练习者和追随者。其他国家也利用全球化的体育赛事和现代媒体来传播自己的文化和精神。例如，中国是世界奥林匹克大家庭的积极成员，崇尚"国家荣誉、无私奉献、科学务实"和"遵纪守法、团结协作、顽强拼搏"等价值观，而中国的体育精神并不符合个人主义、自由主义和任人唯贤等西方价值观。中国派出最优秀的运动员参加奥运会，是为了在世界舞台上证明自己既不自卑，也不盲从。中国的运动会不受个人主义、自由主义和任人唯贤等西方价值观的制约，而是文化自尊和统一的民族自豪感的体现。中国还积极参加夏季奥运会、冬季奥运会、亚运会、大运会等重大国际体育赛事，在筹备、组织、开闭幕式、场馆、设施、吉祥物、文艺演出、新闻宣传等方面都取得了优异成绩。例如，北京夏季奥运会开幕式加入了鼓乐吟诵、金镶玉奖牌、"荣华韵"火炬、中国印章等中国文化元素，北京冬季奥运会开幕式使用了长光文字、"冬之梦"标志、"雪中飞跳"等中国文化元素。

第二节 体育文化的产业化发展

随着文化产业的发展，中国体育文化逐渐产业化，在一定程度上满足了大众对体育文化的需求。虽然体育文化产业化取得了一定的进展，但仍存在发展不平衡、不充分等问题。因此，我们应继续合理规划、科学发展、有效扶持体育文化产业化进程。

一、中国体育文化产业发展概况

产业化是指按照市场经济规律和现代工业生产、分配和交换标准,将商品转化为商品。既然文明是为了满足人类的需求,那么工业化就具有天然的价值。鉴于文化产品可以通过多种方式满足人们丰富的精神需求,许多市场主体承担起了开发文化资源的任务,通过知识、创意、资本和技术为大众提供高质量的文化产品和服务。物质资源包括工艺品、游戏设计、图书、音像制品、文化展览、主题公园等,智力资源包括知识产权、文化旅游、文化体验等。体育文化产业化是指按照市场经济规律和现代产业标准,利用现代技术、知识、创意和资本,开发、生产、传播和共享体育文化资源,满足人们智力和文化需求的过程。

关于文化产业、体育产业和其他类似术语的定义,文化和体育产业可以定义为以体育和文化产品为基础的一系列活动,包括生产、销售、管理和服务。其中重要的是象征性活动,目的是满足消费者的体育和文化需求。该部门主要包括开发、生产和传播体育价值观、体育理念、体育态度和体育符号的公司与组织。其主要形式包括体育电影和电视节目、体育节、会议和展览、旅游等。根据 Cao Li 等人的研究,体育符号是这些部门所有创意和功能活动的基础,也是体育文化产品和服务的特征。虽然运动员的技能是各类商业体育赛事的重要因素,但赛事盈利的关键在于观众拥有良好的体验和享受。这可以通过开发标志性产品和服务、共享知识产权和推动以参与者为中心的体育文化产业发展来实现。

体育和文化的产业化是时代的产物。在需求方面,无论是发达国家还是发展中国家,恩格尔系数的下降、国家的繁荣、消费习惯的现代化,以及在满足生理需求之外对安全感、尊重感和个人满足感的需求,正在成为消费的主要驱动力,各地整体消费需求增加,包括体育文化在内的文化消费也在增加。《2019 上半年全国文化消费数据报告》显示,近九成受访者认为文化消费能提高人们的生活质量和幸福指数,比衣食住行更重要,或者认为文化消费是生活必需品,与衣食住行同等重要。然而,38% 的受访者认为,本地区没有足够的文化空间或场所,34.8% 的受访者认为文化产品缺乏吸引力或创新性。显然,供需之间仍然存在差距。在供给方面,各国政府都在积极推行促进体育和文化产业化的政策。在战后的发达国家,当第一、第二产业等物质产业逐渐发展到饱和,人们的基本温饱问题逐步解决,生活水平提高,智力需求必须得到满足时,政府就会保护知识产权,促进体育、文化、信息、传媒、创意等产业的发展,实施一系列鼓励新兴产业发展的政策。这些措施的目的是鼓励这些部门的产业化,支持其发展。

近年来,中国采取各种措施发展体育文化和体育产业。国务院 2019 年印发《体育强国建设纲要》提出，继续开展体育文化发展活动，改革和振兴中国体育文化博览会、中国体育旅游博览会，通过全国运动会、单项体育比赛等世界级赛事，丰富体育与文化的联系。同时，提出以筹办北京2022年冬奥会和2022年冬残奥会为依托，在各类赛事期间以体育为平台组织文化活动和演出，通过冰雪体育项目弘扬文化。文化和旅游部、发改委、体育总局制定了一系列规划，如以创新促融合发展，推进大刀阔斧改革，促进体育与旅游融合，加快体育文化旅游发展，发展新模式。又如，推动体育、文化、旅游融合发展，努力把奥运场馆建设成为国际示范中心、国际冰雪运动休闲旅游中心、公共卫生体系建设示范中心和奥运后体育、文化、旅游融合发展示范中心。在技术和资本方面，现代信息技术、互联网技术、大数据技术、5G通信技术和智能手机的普及应用，引发了新的技术革命。高速互联网缩短了距离与数据质量之间的差距，笔记本电脑、平板电脑和智能手机等智能移动设备让人们可以随时随地获取信息。技术的快速进步和资本的大量流入极大地促进了体育和文化部门的发展。一方面，体育和文化产品的销售区域扩大了，距离缩短了，质量提高了；另一方面，体育和文化产品的购买方式改善了，需求增加了。在就业机会方面，大量国外公共和私人资本投入这一领域，许多优秀人才参与到体育文化产业的生产、管理和经营中，人力资本供给增加。在内容供给方面，发达国家和发展中国家第一、第二产业的成熟，使更多的人才能够发现、创造性地整合和开发体育文化产品。近年来，中国积极吸收以奥林匹克运动为代表的世界体育文化，在文化自觉的基础上积极挖掘和整理民族体育文化遗产，为体育文化产业化发展提供了各种内容资源。

二、中国体育文化产业发展的成就与不足

改革开放后，中国的体育文化产业化有许多成功之处，也有许多不足之处。一方面，理顺了行政管理体制和机制，制定了指导体育文化产业化的具体政策法规。党的十八大后，简政放权、放管结合、优化服务改革得到深化和拓展。2016年，又进一步推进简政放权、放管结合、优化服务改革，深化了改革发展。《"十四五"体育发展规划》提出，要挖掘中华体育文化内涵，推动中华体育精神与社会主义核心价值观深度融合。巩固和发展体育文化特色、组织文化和团队精神，打造体育鲜明的精神内核和文化标识；加强体育文化和平台建设，做好传统体育项目的保护、利用和传承。中国电影产业发展法、网络直播管理办法和文化企业知识产权评估办法也对体育直播、体育影视和体育文化企业的运营和发展进行了规范。与此同时，体育文化资源已经在一定程度上得到了掌握和整理，并首次形成了产业化模式。在传统体育文化资源中，禅宗武术、少林武术、太极

拳、养生文化、武术、歌舞、登山、摆手舞、钢管舞、抖空竹、赛马、打花、摔跤等或多或少已成为产业化活动，有的地方甚至形成了品牌产品。在现代体育文化资源方面，中国积极参与体育现代化，举办了网球大师赛、一级方程式大奖赛、奥运会、冬奥会等赛事，并在这些现代赛事的商业营销、广告宣传和文化表现形式中融入了中国文化元素。中国企业也积极参与体育现代化。中国企业创办了体育广播、体育展览、体育旅游、体育影视、网络体育等与体育文化相关的新业态，形成了大规模、多层次的体育文化产业化模式。[①]

另一方面，体育和文化的产业化尚未完成。体育文化产业化进展不平衡、不充分。体育文化产业化的不平衡首先体现在东部沿海地区与中西部地区之间、城市地区体育文化产业化与农村地区体育文化产业化之间的不平衡。在东部沿海地区，体育文化资源高度发达并产业化，而在中西部地区，由于经济和自然条件的限制，产业化往往滞后。考虑到城乡差异，体育文化资源高度发达和产业化的地区是北京、上海、广州、深圳、重庆等相对发达的城市，以及全国主要城市、省会城市和经济发达省份的主要城市。在这些地区，由于农村地区体育文化资源不发达，体育设施建设基础薄弱，居民消费水平较低，消费者对体育文化的兴趣不高，因此，体育文化的产业化程度较弱。

体育文化产业化必须以市场和消费者为导向，利用新技术、新创意，适应新形势，深入挖掘体育文化精髓，充分利用互联网技术、新媒体和人工智能，打造设计精良、资金充足的体育文化产业，为创造美好社会生活做出贡献。

第三节　体育文化的跨界与融合

随着体育文化社会影响力的不断扩大，体育文化逐渐呈现出跨界融合的趋势。体育文化与娱乐文化、旅游文化、新技术的融合，给体育文化的发展带来了新机遇。随着大众文化、电影文化、电视文化和节庆文化的融合，体育文化的影响力将不断扩大。

一、当代体育文化的跨界发展

体育文化国际化是一个加速体育文化全球发展和演变的过程。体育文化国际化是指随着社会经济和文化的进步与发展，体育文化向娱乐、旅游、休闲、传媒、电影、电视、

---

① 袁宏. 体育文化多维度研究 [M]. 长春：吉林出版集团股份有限公司，2022.

网络以及其他类似领域拓展的过程。在这些领域，人们的各种需求不再以原有的形式得到满足。常见的组合有体育文化+休闲、体育文化+旅游、体育文化+新技术等。

（一）体育文化+娱乐

体育文化+娱乐的主要形式有两种：一是邀请运动员参加传统的娱乐节目，以增强体育、竞技和健康观念的社会影响力；二是娱乐界明星参加具有体育元素的节目，并与运动员互动。为了扩大活动和节目的影响，宣传体育和奥林匹克文化，日本体育界邀请著名音乐家为东京奥运会创作会歌。一些联赛还通过邀请名人拍摄宣传视频和参观体育场馆为运动员加油助威，利用他们的影响力让更多的观众了解奥运会，从而提高人们对奥运会的认识。日本职业棒球联赛历来在比赛前邀请名人，美国联赛则邀请明星艺人参加超级碗半场秀。今年的超级碗在美国有1.3亿人观看，其中半场秀占31.49%，为历史最高。众多明星出现在超级碗半场秀中。中国女排超级联赛2020颁奖典礼大放异彩，邀请歌手活跃气氛。节目中，国家队队员张常宁为一位歌手颁发了最受欢迎歌手奖，并赠送了门票。

（二）体育文化+旅游

体育文化+旅游不是简单地拼凑，而是对赛事文化的深入挖掘，是对旅游资源的支撑，使体育与旅游充分融合，发挥其潜能。体育旅游产品的设计往往体现了场地设计、球场设计、景观设计等方面的深度融合。北京冬奥会对冰雪旅游、冬季旅游和冰雪运动文化的推广起到了重要的推动作用，鼓励3亿人参与到冰雪运动中来。以吉林银行松花湖度假区、北大湖滑雪场两大全国知名滑雪场为例，2019—2020年雪季，虽然受到疫情防控影响，但滑雪游客数量持续增长，达到1757万人次，冰雪旅游收入达到294亿元。本雪季，白沟松花江度假区游客总量位居全国第一，北大湖滑雪场发展速度位居全国第一。中国吉林国际冰雪节入选"中国十大最具影响力冰雪旅游节""冰雪之都""滑雪天堂"等排行榜，吉林市成为冬季旅游品牌。在2020年国际冬季运动博览会上，俄罗斯、挪威、芬兰、奥地利等国家将推介本国的体育旅游资源。奥地利拥有众多冰雪文化资源和冬季运动项目，2019年已经吸引了150万中国游客到该国的冰雪景点游玩。国内外体育文化+旅游，尤其是冬季运动和冰雪领域的体育文化+旅游，对发展冰雪体育文化、增进人们对冬季运动的了解、实现"三亿人上冰雪"的目标发挥了积极作用。当然，这一领域还需要深入研究。李贤武等研究者称，这种融合是一个"系统而长远的规划"，"充分体现了人与自然、人与体育的融合"。它需要强大智库的支持、鼓励、推动和引导。

（三）体育文化 + 新技术

体育文化 + 新技术，是指利用新媒体、互联网、大数据和人工智能等技术传播和实践体育文化。最初，体育媒体传播与现场直播、版权转让，以及国内和国际赛事转播有关。如今，短视频、自媒体和其他新媒体被用于宣传培训、运动员的个人故事和其他艺术家的作品，宣传健康的生活方式和可持续性，大数据和人工智能技术被用于智能设备等。在许多体育文化活动和展览中，基于大数据和人工智能的功能，如人脸识别、食物识别、食物计数和自助服务等，参与者的体验大大提升，促进健康生活方式的形成。2015 年 7 月，政府推出"互联网+"政策，推动互联网在各领域的应用、融合和变革，并宣布积极推动网络体育和文化的宣言。"互联网+"将实现线上线下双向交流，为用户创造各种机会。消费者可以通过移动互联网和移动应用程序查找就近的体育文化设施，通过相应的软件预订和支付门票，通过移动设备浏览各种体育文化内容，购买体育文化图书、音像制品、体育创意产品、手工艺品和纪念品等。

二、当代体育文化的融合发展

体育文化在外在形式上以"体育+"实现跨界，同时在内容上与民俗文化、影视文化、节庆文化等实现深度融合。

（一）体育文化与民俗文化的融合

体育与民俗文化融合的典型案例是北京 2022 年冬奥会开幕式。北京冬奥会在中国传统节日春节期间举行，主办方希望借此机会将奥林匹克文化与民间文化相结合，展示奥林匹克精神，展现中国和世界人民团结协作、相互关爱、努力奋斗的美好未来。北京 2022 年冬奥会和冬残奥会组织委员会副主席魏加庆在宣布北京申办冬奥会时强调了冬奥会与春节之间的联系，北京申办冬奥会得到了国际奥委会（IOC）的认可。作为冬奥会和冬残奥会活动的一部分，北京在天安门广场、机场航站楼前和东西大街交汇处组织了新的冬奥会和冬残奥会迎新活动，庆祝中国农历新年。为了给冬奥会和春节庆祝活动营造优美、热烈、喜庆、轻松的氛围，彰显城市节日气氛和中国传统文化，营造有利于冬奥会的城市环境，天安门广场摆放十个标有"美丽冬奥"的花坛。花坛上部高 17 米，融合了冬奥会元素和中国结、冰雪等元素，表达了大家对北京冬奥会的美好祝愿。花坛下部直径 38.6 米，装饰有 5 个相互交叉的雪花圆圈，象征五大洲共同庆祝冬奥会。位于东馆东南角的"幸福"花坛顶部高 9 米，有主舞台上的冬奥会吉祥物、象征 2022 年中国新年的红色中国年、冰雪上冬奥会的激情与魔力，以及象征包容与和平的中国文化元素。

奥林匹克公园内 12 米高的"携手未来"花坛造型醒目，前景是冰雪块，象征着奥林匹克格言的主题"中国结"。雪花、彩带和常青树等中国文化元素为冬奥会营造了节日气氛。冬奥会中央媒体中心的倡议团队组织了脸谱彩绘、剪窗花纸、书写中国吉祥物、剃老虎毛等深受欢迎的活动，帮助来自日本、美国、波兰等国家的记者欢度虎年。中外友人拿起画笔，在红灯、千虎、冰山和雪地吉祥物的映衬下，书写树名，吟诵新春祝福，诵读新年美德，在众多体育馆和奥组委机关营造出浓浓的节日氛围。冬奥会期间，长安广场、日坛公园、中国国际贸易中心等北京的重点区域，以春节、民俗等中国传统元素为背景。

（二）体育文化与影视文化的融合

体育文化与影视文化之间的联系尤其体现在影视作品中越来越多地使用体育文化元素。起初，一些体育影视作品关注的是运动员的个性和集体荣誉，但随着影视业和体育事业的发展，人们对体育的参与度不断提高，对体育影视作品的创意性也有了更高的评价。两个"维多利亚 2020"之间的联系将不再那么紧密，它们所传达的体育精神将提供一种更加现代、科学、专业和开明的体育方式，尊重自由和个人价值。得益于中国的实力、自信和开放，体育比赛不再仅仅是锦标赛。这部影片为观众提供了一场视觉和听觉的盛宴，通过镜头中的语言和对话，传达了比赛中的情感和宁静。"我的使命是让人们享受运动本身，享受比赛。伙计们，背负起过去的重担，因为明天你们将再次比赛。自信、从容、坚定地打排球，站起来打球。我在这里支持你们。"这些话是说给所有希望过好自己的生活、追求充实和成功的观众听的，也是说给传播女排精神和女排对普通人生活的影响听的。

（三）体育文化与节庆文化的融合

体育文化与节庆文化的融合，本质上是迈向文化体育化、经济企业化的第一步，具有一定的经济效益和社会效益。但现实的增长和发展理念具有局限性，体育文化和节庆文化很容易成为资本无节制扩张与侵蚀的关键。泰山古城有朝阳节和秋烟节的传统，从 1987 年到 2020 年，已经连续成功举办了 34 届。过去，山区经济和节庆展贸活动比较重要。近年来，随着全民健身水平的提高和体育文化的传播，山地节庆活动越来越注重体育，传统节庆文化元素越来越受到重视，如第 32 届泰山登山节。泰山登山节，正变得越来越重要。在策划筹备期间，泰山国际登山节除举办登山比赛外，还举办了武术、田径、汽车运动、综合运动、户外排练、太极拳展示、全民健身嘉年华等九项体育赛事活动。此外，还将举办一系列节庆活动，包括撑竿跳、气功等泰山传统民间技艺展示、东岳庙武术比赛、参观泰山会馆、观赏古代释茶仪式、游览天街古城等。

第四节 现代化进程中传统体育文化的时代变迁
——以齐鲁秧歌为例

自 19 世纪末以来，中国经历了漫长而复杂的现代化进程。中华人民共和国成立后，社会结构和意识形态发生了变化，出现了新的现代化观念，现代化进程进入了一个新的阶段。种类繁多、影响广泛的齐鲁秧歌，是中国北方最有代表性的民俗活动之一。随着中国体育事业的发展和基层体育的普及，齐鲁秧歌因广泛的基础和伟大的体育精神成为国家体操运动项目之一。详细分析近代化进程中齐鲁秧歌生活方式和社会活动的变化，有助于揭开民间体育在近代传承和传播中的一些谜团。

一、齐鲁秧歌源流及特征

"齐鲁"一词集历史与地理于一身，具有深厚的文化内涵和广阔的地域范围。齐鲁秧歌指的是齐鲁地区的秧歌，其地域范围大致相当于现在的山东省辖区，与山西省北部的秧歌和山西省东北部的秧歌相当。齐鲁秧歌不仅历史悠久，而且种类繁多。据不完全统计，在中国民间舞蹈中，占有重要地位的秧歌有 30 多种。

（一）齐鲁秧歌的源与流

齐鲁秧歌发源于肥沃的黄河平原，源于齐鲁人的农业历史。据说，齐鲁稻农的歌谣源于人的劳动、祭祀、抗灾、节庆等活动，具有鲜明的特点。为了庆祝抗击黄河洪水的胜利，表达风调雨顺、五谷丰登的喜悦之情，人们在特定的日子里组织大型活动，载歌载舞，多姿多彩，热闹非凡，创作出独具特色的齐鲁稻农歌，代代相传。庄严优美的秧歌场面和喧天的锣鼓声，保留了"漩海眼""大八叉""大乱场"等古人战胜黄河废墟的场景。秧歌在当地民间节日和庆典中传唱。

在歌、乐、舞的综合与传承中，齐鲁秧歌始终从不同的视角看待文化，从最简单到最复杂，与音乐、歌曲等表现手段一起，创造出具有特定作用、不同形式、独具特色的舞蹈动作。从古代礼仪、军事人物、生产方式、生活需要、生产资料、动植物形象、吉祥寓意等衍生出来的各种形式，贴近人们的日常生活，通俗易懂，易于感受，丰富了秧歌的内容。秧歌中的伞、鼓、棍、花等角色和服饰，是从古代杂剧中衍生和发展而来的。为了使表演更具吸引力，秧歌在服装和歌词中融入了扎根于生活、具有浓厚地方特色的神话、传说和民间故事等耳熟能详的元素，使表演成为当地社区的一种重要娱乐形式。

中华人民共和国成立后，齐鲁秧歌的发展进入了一个新时代。在"文艺为工农兵服务"的口号下，来自全国各地的学者和艺术家沉浸在人民的生活中。到20世纪50年代末，艺术成为中国经济不可分割的一部分。近年来，齐鲁秧歌不断参加各级演出和比赛，得到了国内外的广泛认可。非物质文化遗产的申报、保护和发展，给齐鲁秧歌带来了更大的知名度和新的发展机遇。

（二）齐鲁秧歌的特征

齐鲁秧歌存在于黄河下游平原地区，东临大海。开阔的平原、肥沃的黄河和浩瀚的大海为齐鲁秧歌提供了广阔的发展空间和潜力。平原和松软的土壤为秧歌的表演创造了优越的地理条件，变化多端，技艺精湛；奔腾不息的黄河为齐鲁秧歌注入了明快雄浑的精神动力；浩瀚的大海则增强了齐鲁秧歌的阳刚之气。

在起源和传统方面，齐鲁秧歌深受以孔子为首的齐鲁文化的影响。齐鲁文化的固有特征及其在社会功能中的普遍性，体现在其原始、大胆和开放的风格上。以儒家伦理道德为特征的齐鲁章句，则具有清晰的结构和严谨的设计。齐鲁秧歌的表现形式灵活多样，参加者可以根据自己的经济状况和喜好更换舞者与服装，但所有的基本套路和表演方法都保持不变。通常情况下，一个秧歌剧团由三部分组成：前部负责组织和带领，中部是合奏，最后一部分是大型组织舞蹈团。在秧歌中，有数百个不同的小组，但所有舞者都按照一定的顺序。舞台虽大但并不混乱。齐鲁秧歌非常注重礼仪，受儒家礼仪的影响，强调仪式和典礼、祭神和祖先崇拜。表演只在宗教崇拜之后进行。

二、现代化进程中齐鲁秧歌的生态环境

（一）中国现代化进程的特点

现代化是指从传统农村社会向现代工业社会、从传统文明向现代文明过渡的历史进程。自19世纪末以来，中国的现代化进程经历了四个阶段，每个阶段都伴随着历史变迁和社会动荡。19世纪60年代，洋务运动家在中国发起了近代化运动，通过"师夷长技"和"变法"获取财富和权力，但结果并未达到他们的预期。第二阶段是辛亥革命后学习西方制度和文化，确立了"废西"的价值体系，以突破儒家思想的传统框架，通过全盘

西化实现国家强盛。然而，全盘西化既不能强国，也不能强民，连年的动荡和战乱使中国陷入了贫困的深渊。中华人民共和国的成立彻底改变了当时的价值观。苏联的社会主义成为新中国成立初期的核心价值观，但不断恶化的中苏关系成为新中国内忧外患的根源。最后一个阶段是20世纪80年代的改革开放，市场经济的引入加速了现代化进程，并取得了重要成就。

由于国情不稳、战乱频仍、观念落后，一个多世纪以来，中国的现代化进程缓慢而痛苦，但改革开放的40多年却是快速发展的时期。改革开放后，中国的工业产值和经济收入占全国的80%以上，城乡人口占全国的50%左右。工业化和城市化的加速发展带动了社会福利的快速增长，但人口的现代化程度仍然不足。中国的现代化进程迫切需要解决民间文化的转移和发展问题，为城市化的农民创造适宜的文化环境，振兴民间文化。

（二）当代齐鲁秧歌的生态环境

经过数千年的积淀，齐鲁秧歌已成为齐鲁大地的重要文化内容，成为生长在黄河平原的农民精神财富的象征。工业化和城市化改变了齐鲁秧歌的生存基础，快速的城市化进程也削弱了齐鲁秧歌的空间特征。

山东是中国经济发达、资源丰富的地区之一，2009年的城镇化率为48.3%，2015年为55%，是中国中等收入水平最高的地区之一。城市化进程的加快扩大了城乡差别，隔离了宁静的田园乡村，使农村社区逐渐破碎。城市化也改变了农村青年的生活方式，许多农民进城务工，减少了稻作社区的数量，使他们难以积极参与和享受农耕季节。秧歌在相对封闭、宁静的农村地区蓬勃发展。原始、豪放、典雅、多彩的秧歌反映了农村生活，宣扬了农民从早上劳作到晚上休息的生活与理想。乡土气息使秧歌既传承了民间传统，又体现了时代文化，鼓励更多年轻人参与秧歌，适应现代化发展的要求。

另外，现代化进程给了人们前所未有的自主和自由，个性化机制在集体和礼仪之流中产生了内在矛盾，而集体和礼仪之流具有特定的角色、形式、习俗、风格和行动模式。几个世纪以来，它一直被用来表达人们关于生活、思想和情感的集体观念。在现代化过程中，人们远离了传统的社会结构和意识形态框架，对传统的意识形态和态度产生了怀疑和批判。在个性化意识形态的影响下，年轻人开始远离、拒绝甚至否定千百年来与稻作有关的民歌。在传统与现代的较量中，齐鲁秧歌站在了传统的一边。全面认识秧歌，寻找秧歌在现代化进程中的新角色，将有助于秧歌的传承和发展。

三、现代化进程中齐鲁秧歌的变迁

民俗在每个历史时期都有过去、现在和未来。所有的民俗活动都以不同的方式融入过去，参与现在，展望未来。面对现代化进程中的困境，齐鲁秧歌在传统与现代之间不断对话，以适应与不适应的概念参与了齐鲁秧歌的现代化。

（一）从乡村走向城镇，从艺术走向健身

从历史上看，齐鲁秧歌是一种民俗与艺术相结合的民间艺术形式。随着现代化的发展，生态环境发生了变化。为了应对这些困难，齐鲁秧歌超越民间艺术，将农村与城市、艺术与体育、民间艺术与民间体育结合起来，创造出具有凝聚力的齐鲁秧歌文化，满足多样化的合作需求。齐鲁秧歌作为一种文化现象，总是与其他文化现象共存、互动，认识自身，创造意义。在现代化进程中，齐鲁秧歌面临着这样的困境：只有克服历史遗产的局限性，打开新的生态环境的大门，通过与其他文化现象的互动与交流，寻求合适的生存形式，才能继承历史，接受未来。

城市化进程改变了齐鲁秧歌的当地环境，并形成了一个大型城区。城市的现代化体育中心为齐鲁秧歌的表演提供了新的环境。街区的传统特色与城市空间的现代性共存，是克服传统与现代对立的唯一途径。传统东方歌曲深深扎根于村民的生活中，但其参与往往仅限于追求技巧和效率的特定群体。随着中华人民共和国的崛起，齐鲁秧歌从多个层面进入人们的视野，加强了齐鲁秧歌的艺术性、表演性和群体性，同时也缩小了齐鲁秧歌参与者的圈子。齐鲁秧歌作为一种民间舞蹈，与美术、体操等其他文化内容相融合，有利于所有人的理解和参与。

（二）健身秧歌的形成

随着现代化进程对生活质量和个人身心健康的重视，体育运动，尤其是基层体育运动发展迅速。研究和比较传统的体能训练方案，并在全国体能训练比赛中加以调整和推广，已成为传统体育的一个重要研究领域。考虑到秧歌的普及性及其对身体素质的重要影响，专家和研究人员决定重点研究秧歌的健身功能，并在全国范围内进行开发和推广。2000年，第一首秧歌曲创作完成并正式推出，随后在英国和美国推出了一系列秧歌曲。同时，组织了一系列健身比赛，鼓励人们积极参加体育锻炼。此外，鼓励秧歌进校园、进课堂，在所有学校推广。继秧歌健身操之后，又推出了秧歌舞。鲁南秧歌舞是一种独具鲁南本土特色的舞蹈，它将汉族妇女的刚劲雄浑与鲁南妇女的刚柔相济融为一体，是一种刚柔并济、高贵优雅的艺术形式，在鲁南和苏州非常流行，北至苏州，南至海峡

两岸。

  自创立以来，齐鲁秧歌始终顺应历史，传承历史。齐鲁秧歌从娱神到娱人，从为人表演到主动参与和娱乐，从表演到注重经营。现代体育的发展为齐鲁秧歌打开了新的局面，并通过强调健身和健康实现了齐鲁秧歌文化的现代化。

参考文献

[1] 冯世勇. 体育文化与实践研究 [M]. 北京：中国政法大学出版社，2019.

[2] 郭燕. 新媒体时代体育文化建设研究 [M]. 延吉：延边大学出版社，2021.

[3] 何宁宁，丁毅，刘晨曦等. 体育强国视域下中外体育文化比较 [M]. 上海：东华大学出版社，2022.

[4] 纪本平. 新时期体育文化的传播与多元发展探索 [M]. 北京：中国书籍出版社，2023.

[5] 李先长. 民俗体育文化传承与文化强国建设关系研究 [M]. 南昌：江西科学技术出版社，2021.

[6] 李鑫，王园悦，秦丽. 体育文化建设与高校体育教学模式研究 [M]. 北京：中国纺织出版社，2019.

[7] 刘湘溶. 体育文化建设六论 [M]. 长沙：湖南师范大学出版社，2022.

[8] 陆盛华. 传统体育文化发展研究 [M]. 北京：华文出版社，2021.

[9] 沙茜. 体育教学与体育文化融合研究 [M]. 北京：北京工业大学出版社，2021.

[10] 石丽华，吕涛. 我国民族传统体育文化传承与发展研究 [M]. 太原：山西经济出版社，2021.

[11] 苏海永. 新时期校园体育文化体系的建设与发展研究 [M]. 北京：北京燕山出版社，2023.

[12] 王春. 体育文化传播教程 [M]. 沈阳：东北财经大学出版社，2017.

[13] 王昕光，赵云鹏，吴伟. 传统体育文化研究 [M]. 太原：山西经济出版社，2020.

[14] 王彦英. 多元体育文化的创新与发展研究 [M]. 北京：中国书籍出版社，2019.

[15] 袁宏. 体育文化多维度研究 [M]. 长春：吉林出版集团股份有限公司，2022.

[16] 张佃波. 体育强国战略下我国体育文化的重塑与发展研究 [M]. 长春：吉林出版集团股份有限公司，2022.

[17] 张虎祥. 体育文化与全民健身 [M]. 北京：九州出版社，2018.

[18] 赵金林. 校园体育文化建设与实践探究 [M]. 北京：中国书籍出版社，2018.

[19] 赵一刚. 高校校园体育文化建设与探究 [M]. 北京：中国原子能出版社，2022.

[20] 周冰. 多元视域下的体育文化发展研究 [M]. 长春：吉林大学出版社，2022.

[21] 周姝熠. 非遗视角下民族传统体育文化保护与传承研究 [M]. 延吉：延边大学出版社，2022.

[22] 周伟峰. 体育产业与体育文化发展管理探索 [M]. 长春：吉林人民出版社，2022.